Matthias Arnold

HENRI DE TOULOUSE-LAUTREC

1864–1901

Le théâtre de la vie

TASCHEN

KÖLN LONDON MADRID NEW YORK PARIS TOKYO

COUVERTURE :
Marcelle Lender dansant le boléro dans « Chilpéric », 1896
Huile sur toile, 145 x 150 cm
Dortu P 627
Washington (DC), National Gallery of Art,
Collection of Mr. and Mrs. John Hay

REPRODUCTION PAGE 2 :
La clownesse Cha-U-Kao au Moulin Rouge, 1895
Huile sur toile, 75 x 55 cm
Winterthur, Collection Oskar Reinhart

DOS DE COUVERTURE :
Henri de Toulouse-Lautrec, vers 1890
Photographie : AKG Berlin

L'éditeur et la maison d'édition remercient les
musées, les collections, les photographes ainsi que les
archives d'avoir bien voulu accorder leur autorisation de reproduire leurs œuvres. Justification des repro-
ductions : Groupe Editoriale Fabbri, Milan. André
Held, Ecublens. Archiv Alexander Koch, Munich.
Wolfgang Wittrock, Düsseldorf. Matthias Arnold, Munich.
Ingo F. Walter, Alling. Walther & Walther Verlag, Alling.

© 2000 Benedikt Taschen Verlag GmbH
Hohenzollernring 53, D–50672 Köln
www.taschen.com
Editeur : Ingo F. Walther
Traduction française : Anne Desbordes
Couverture : Catinka Keul, Angelika Taschen, Cologne

Printed in Germany
ISBN 3–8228–6170–7

Table des matières

Un lourd héritage
1864–1885

Un jeune homme jette un regard craintif à son miroir: telle est l'image que nous livre de soi un grand artiste dans cet autoportrait datant de sa jeunesse, et qui révèle une maîtrise précoce. Entre soi et son double, il a érigé comme en barricade des objets provenant de la vieille famille aristocratique dont il est issu, mais qui, pour être de grande valeur, n'en paraissent pas moins inutiles. Il s'est figuré à leurs côtés, comme si lui-même n'était qu'un élément de cette nature morte. Seuls le dos et la nuque sont mis en lumière. Le visage, lui, est plongé dans l'ombre, comme si le jeune peintre avait craint de se trahir en le livrant en proie au regard d'autrui. Mais on ne peut manquer d'y lire doute et incertitude, et l'on y voit se presser les questions: est-ce bien ma vocation d'être peintre? Vais-je y arriver? Et ce pauvre corps? Pourquoi est-il affligé de jambes atrophiées? Et ce visage qui enlaidit de jour en jour, avec cette bouche lippue et carminée, et ce menton fuyant qui commence à s'ourler des touffes clairsemées d'une barbe naissante? A l'homme qui confie au pinceau ses désarrois va s'ouvrir une aventure unique qui devait lui donner une place aux côtés des grands de l'histoire de l'art: Henri de Toulouse-Lautrec est en passe de quitter la vieille maison de ses pères pour se lancer dans le monde des plaisirs débridés de la vie parisienne.

La lignée des comtes de Toulouse remonte au temps de Charlemagne; on les voit se signaler pendant les croisades. Mais les descendants du XIXème siècle ne devaient pratiquement plus se mêler aux grands événements de leur époque: exempts de tout souci matériel et vivant des biens provenant de leurs multiples possessions dans le Sud de la France, ils mènent une vie paisible et oisive. Afin d'éviter d'avoir à partager leurs biens et à les voir par là se dilapider, la coutume était depuis toujours de chercher à contracter des mariages consanguins, une pratique qui, si elle présentait des avantages matériels certains, pouvait aussi avoir de conséquences biologiques désastreuses. Le mariage qui unit le 9 mai 1863 le comte Alphonse de Toulouse-Lautrec-Monfa à la comtesse Adèle Tapié de Céleyran, sa cousine germaine, fut l'une de ces alliances incestueuses – les mères des épousés étaient sœurs. Le frère de la mariée et la sœur du marié n'hésitèrent pas non plus à contracter une telle union; elle se solda par la mise au monde d'enfants mort-nés ou handicapés mentaux, que, dans la correspondance privée, on désigne de façon décente et adoucie du qualificatif de «fragile» et «délicat». Le 24 novembre 1864, la comtesse Adèle donnait le jour à son premier enfant, Henri, à Albi en l'«Hôtel du Bosc», résidence citadine des comtes depuis le Moyen Age. Quatre années plus tard, elle mettait au monde un second fils, qui mourait un an plus tard.

Page de cahier d'école, vers 1876–1878
Plume; 23 × 18 cm
Albi, Musée Toulouse-Lautrec

«Quand on pense que je n'aurais jamais été peintre, si mes jambes avaient été un peu plus longues!».   TOULOUSE-LAUTREC

Autoportrait devant une glace, vers 1880
Huile sur carton; 40,3 × 32,4 cm
Albi, Musée Toulouse-Lautrec

Le cousin et la cousine ne devaient pas longtemps se faire des illusions sur la nature de ce mariage de convenance. Une indéniable incompatibilité de caractère allait très vite amener le couple à se séparer, même si officiellement le mariage ne devait pas être dissous. Henri fut élevé par sa mère qui, après la perte de son second enfant et ses déceptions matrimoniales, devait trouver dans le catholicisme et l'éducation du petit garçon qui lui restait un sens à sa vie. Les historiens de l'art ont donné jusqu'ici de la comtesse une image par trop édulcorée. Le dépouillement récent de la correspondance privée, jusqu'ici non livrée au public, montre au contraire que sa dévotion était maladive, qu'elle était hypocondriaque et médicalement parlant hystérique, mais qu'en revanche elle faisait preuve dans la vie pratique d'avarice et avait un goût et un don prononcés pour les affaires. Il semble ainsi que la seule «faute» qu'elle ait commise ait été cette inclinaison qu'elle éprouva passagèrement pour le comte Alphonse. Son fils, qui pourtant l'aimait, ne sera pas sans le remarquer: «Ma mère, la vertu en personne! Mais elle n'a pas pu résister aux culottes rouges de la cavalerie!».

Le comte Alphonse de Toulouse-Lautrec conduisant un attelage à quatre chevaux, 1881
Huile sur toile; 38,5 × 51 cm
Paris, Musée du Petit Palais

REPRODUCTION DE LA PAGE DE GAUCHE:
Deux chevaux avec ordonnance, 1880
Huile sur carton; 32,5 × 23,8 cm
Albi, Musée Toulouse-Lautrec

La comtesse Adèle fut la personne qui compta le plus dans la formation du jeune Henri: eu égard à sa santé délicate, elle le protégea comme la prunelle de ses yeux, veillant parfois elle-même sur son instruction. Une telle omniprésence ne pouvait manquer de créer des problèmes, et il était presque fatal que cette sollicitude étouffante amenât à une réaction d'opposition. Tel est le secret qui conduisit Lautrec aux antipodes du monde dont il était issu, du milieu fermé de la grande noblesse à la bohème de Montmartre, du château des comtes aux cabarets et aux maisons closes. Ce fils d'une mère possessive et moralisatrice devait tourner le dos à son origine, voire s'en délester autant qu'il lui était possible, pour trouver son identité, pour affirmer son autonomie. On a jusque-là considéré que c'étaient ses difformités physiques qui avaient poussé Lautrec à se lancer à corps perdu dans le tourbillon des plaisirs de la Belle Epoque, et il est indubitable que son infirmité n'a pas été sans jouer un rôle certain. Mais il semble que le facteur psychologique du besoin d'affirmer sa personnalité étouffée par ce sur-moi incarné qu'était sa mère ait eu une importance décisive. Pour être soi, il n'y avait pas pour Lautrec d'exil assez lointain. L'autodestruction fut l'issue finale de cette aventure; elle ne pouvait le conduire à un autre terme.

Il se peut bien que le comte Alphonse, que l'on décrit toujours comme un personnage fort excentrique et plein de lubies, et qui le fut indubitablement, ait par contre, en dépit de toutes les informations, subjectives, colportées sur son compte, représenté en sa personne, par le tempérament sensuel dont il faisait preuve, l'élément naturel de cette famille désunie. On lui a fait reproche d'avoir montré une passion pour la chasse qui allait presque jusqu'au ridicule, ainsi qu'un goût prononcé pour l'indépendance. Il fit présent à son fils âgé de douze ans d'un livre qu'il dédicaça de la manière suivante: «N'aie cesse de penser, mon fils, que seule une vie au grand air et au grand jour est vraiment saine; tout ce à quoi on ravit la liberté dépérit et se meurt bientôt. Ce livre traitant de la fauconnerie t'enseignera comment apprécier une vie au sein de l'immense et libre nature. Si tu devais jamais éprouver l'amertume de l'existence, le cheval, mais aussi le chien et le faucon, te seront toujours des compagnons précieux et t'aideront à guérir tes blessures» – Henri, au plus fort de la maladie, se souviendra de ces lignes.

S'il est indubitable que Lautrec hérita du tempérament indomptable de son père, il devait pourtant tout aussi peu chercher à mener une vie diurne, libre et naturelle que suivre les conseils de sa mère. On a affaire là aussi à une opposition consciente, mais dont les mobiles sont différents: le comte Alphonse, quand il se rendit compte qu'il devait renoncer à voir ce rejeton souffreteux et physiquement demeuré marcher sur ses traces et devenir un cavalier, un chasseur et un soldat digne de lui, devait, de déception, se désintéresser de son fils. Ce fut une expérience douloureuse pour le jeune Henri, qui partageait ce goût pour les chevaux, les chiens et les animaux, une expérience peut-être encore plus amère que celle de savoir qu'il n'avait pas une constitution physique normale.

A la suite de deux accidents consécutifs survenus à l'âge de 13 et 14 ans, et dans lesquels il eut les deux jambes brisées, il fallut bien se rendre à l'évidence et reconnaître ce qu'on avait voulu jusque-là dans la famille ignorer ou pudiquement masquer: Henri était atteint d'une maladie osseuse héréditaire, la pycnodysostose, dont les symptômes primaires avaient fait leur apparition alors qu'il était âgé de dix ans. Sa vie durant, Lautrec souffrit d'une déficience ostéale qui rendait ses os fragiles. Après

La Comtesse de Toulouse-Lautrec (la mère de l'artiste), vers 1883
Fusain; 62 × 40 cm
Brooklyn (N. Y.), Brooklyn Museum

La Comtesse Adèle de Toulouse-Lautrec (la mère de l'artiste en train de prendre son petit déjeuner au château de Malromé), vers 1881–1883
Huile sur toile; 93,5 × 81 cm
Albi, Musée Toulouse-Lautrec

Le Jeune Routy à Céleyran, 1882
Fusain; 63 × 48 cm
Albi, Musée Toulouse-Lautrec

«Je reste tout seul toute la sainte journée, je lis un peu, mais si je le fais trop longtemps, j'ai des maux de tête. Je dessine et je peins, autant que cela m'est possible sans me fatiguer, et lorsqu'il commence à faire sombre, je me demande si Jeanne d'Armagnac (sa cousine) viendra à mon chevet! Parfois elle fait son apparition et veut jouer avec moi et je l'écoute parler sans oser la regarder. Elle est si grande et si belle! Et moi, je ne suis ni grand ni beau».
TOULOUSE-LAUTREC

Le Jeune Routy à Céleyran, 1882
Huile sur toile; 61 × 51 cm
Albi, Musée Toulouse-Lautrec

la première fracture, qui eut lieu en 1878, la comtesse Adèle lui fit prescrire des cures et d'autres traitements de nature parfois contestable. Mais cures et thérapies restèrent inefficaces à rétablir complètement l'accidenté, dont les deux fractures du fémur s'étaient probablement mal soudées: la croissance des jambes s'arrêta; l'adolescent et l'homme adulte ne devaient pas dépasser 152 centimètres.

Les longues stations en position allongée et les séjours en maison de repos, si ennuyeux pour un jeune garçon, eurent pourtant un effet positif. Le talent artistique du jeune homme, déjà perceptible chez l'enfant de six ans, s'affirma de plus en plus. Dans l'attente vaine d'une guérison, il remplissait de dessins cahiers d'école et blocs d'esquisse, tous les bouts de papier qui lui tombaient sous la main, représentant tout ce qui lui passait par la tête, tout ce qu'il avait vu, tout ce qui peuplait son imagination, êtres humains et animaux surtout. Les dessins que l'on a conservés du jeune Lautrec dénotent, à défaut d'un enfant prodige, un don indéniable. On n'accorda bien sûr d'autre attention à l'exercice de ce talent naissant que celle qui était d'usage dans la noblesse aisée: on n'y vit qu'un innocent passe-temps. Le père de Lautrec ainsi que ses frères Charles et Odon étaient également à l'occasion ‹peintres du dimanche›. Le dessin figurait aux côtés de la chasse et la gastronomie sur la liste des loisirs des héritiers mâles de cette famille noble. La grand-mère de Lautrec dit un jour: «Quand mes fils ont abattu un canard sauvage, ils en tirent un plaisir triple, celui du fusil, celui du crayon et celui de la fourchette.»

C'est l'environnement familier, le milieu cynégétique avec ses valeurs, son culte de la chasse et ses plaisirs de cour, qui transparaît dans les premières peintures à l'huile de l'adolescent de 14 ans: il peint inlassablement des chevaux – chevaux attelés à des calèches, montés par des cavaliers et suivis de meutes. Lors de séjours à Paris, Henri devait recevoir d'un ami sourd-muet de son père, le peintre animalier René Princeteau, ses premiers rudiments de peinture. Le goût qu'éprouvait déjà Henri pour les animaux et le genre dans lequel son maître s'était fait une spécialité expliquent qu'il ait été conduit tout naturellement à les choisir pour thème de ses premiers tableaux. A défaut de pouvoir monter correctement à cheval, il fallait bien se consoler en les peignant bien! Il est possible que le fils ait également cherché à impressionner son père en choisissant de tels sujets.

Après avoir réussi péniblement en novembre 1881 à obtenir la première partie de son baccalauréat, qu'il passait pour la deuxième fois, le jeune homme de 17 ans ne voulut plus perdre de temps. Il voulait devenir peintre. Lautrec ne semble pas avoir eu affaire à cette opposition parentale que l'on retrouve souvent dans les biographies des artistes. Et s'il devait plus tard connaître des difficultés avec ses proches, la raison n'en fut pas de vouloir être peintre, mais les thèmes qu'il avait choisis et la manière dont il les traitait. Mais les tableaux représentant des chiens et des chevaux que le jeune homme produisait alors à la maison répondaient encore pleinement par leurs sujets à l'attente de ce milieu de la noblesse. Pourtant le commentaire qui figure dans la lettre accompagnant son envoi de dessins destinés à illustrer un conte écrit par son ami d'enfance et aîné Etienne Devismes donne l'impression qu'il a déjà trouvé la formulation de son credo artistique, un credo courageux et auquel il restera fidèle toute sa vie: «J'ai essayé d'être vrai et de ne pas fausser la réalité de façon merveilleuse. Peut-être est-ce une erreur, mais il m'est impossible de ne pas voir les verrues, je veux bien leur rajouter des poils, les dessiner plus grandes que nature et leur appliquer une pointe luisante. Je ne sais pas si

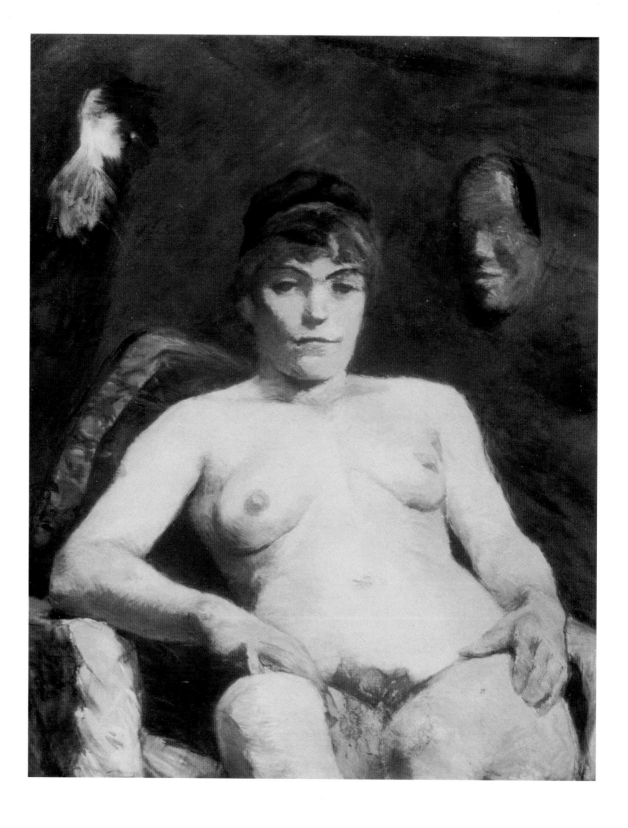

vous pouvez maîtriser votre plume, mais quand mon crayon se met en branle, je dois le laisser courir ou patatras... tout s'arrête...»

Il est probable que le comte Alphonse demanda l'avis de ses amis peintres Princeteau, John Lewis Brown et Jean-Louis Forain, qui lui conseillèrent de faire faire à son fils un cursus académique. Sur la recommandation de Princeteau, et introduit personnellement par son compatriote albigeois Henri Rachou, Lautrec finit par entrer, le 17 avril 1882, dans l'atelier parisien du peintre en vogue Léon Bonnat. Le jeune apprenti de Bonnat rapporte quelques semaines plus tard ce commentaire de son maître au sujet de ses travaux: «Il m'a dit: ‹Votre peinture n'est pas mauvaise du tout, c'est fameux, mais enfin pas du tout mauvais, mais votre dessin est tout bonnement atroce!›.» Quelques années plus tard, Bonnat devait également prononcer un jugement tout aussi injuste sur son élève Edvard Munch. Et s'il est vrai que Lautrec n'était pas encore en 1882 un artiste dans sa pleine maturité, ses œuvres de cette époque témoignent déjà indubitablement d'un grand talent pour la peinture et le dessin.

Il n'est pas surprenant que lorsqu'il fut chargé d'enseigner à l'Ecole des Beaux-Arts, Bonnat ne l'ait pas accepté comme élève dans sa classe. Lautrec dut se chercher un nouveau maître et le trouva en la personne de Fernand Cormon, un peintre de salon dont le nom est également passé dans l'oubli, mais qui était certainement bien plus libéral. «Ce sont surtout mes dessins qui lui ont plu», raconte Lautrec chez lui. Voilà donc en l'espace de quelques mois deux jugements absolument antithétiques prononcés par deux maîtres académiques! Mais Lautrec ne se sentait pas assez aiguillonné par ces dernières louanges: «Les corrections que fait Cormon sont bien plus bienveillantes que celles de Bonnat. Il examine tout ce qu'on lui montre, et prodigue ses encouragements. Vous en serez étonné, mais en vérité j'aime moins cela! Les coups de fouet de mon précédent patron étaient cinglants et je ne me ménageais pas. Ici, je me sens un peu affaibli et j'ai besoin de courage pour faire un dessin correct, quand un plus mauvais suffirait à satisfaire Cormon.»

Si l'élève Lautrec se soumit pro forma aux règles et aux coutumes du monde de l'enseignement académique, il semble qu'il ait eu très tôt une conception précise et personnelle de ce qu'étaient la peinture et le dessin. Les toutes premières huiles font déjà preuve d'une technique et d'une vision picturale originales qui cherchent à s'opposer à l'art de salon dominant. Princeteau, Brown et Forain exercèrent une plus grande influence sur lui que ses maîtres Bonnat et Cormon – sans parler du rôle indubitable que jouèrent très tôt les impressionnistes. Les tableaux peints vers 1880 par le jeune homme alors âgé de 16 ans sont d'une facture si libre et peu conventionnelle qu'on ne peut hésiter à les qualifier de créations autonomes (repr. p. 8).

Il est possible que dans ses scènes de chevaux il se soit mis à l'école d'Eugène Delacroix; mais on peut y voir aussi des premières tentatives pour rendre la spontanéité de l'instant, le moment extatique et unique – qualités qui seront sa marque. La manière dont il saisit la course effrénée de la calèche à quatre chevaux conduite par son père (repr. p. 9) est profondément comparable à celle dont il cherchera plus tard à fixer les mouvements de danse. Le paysage à l'arrière-plan, qui fait penser à de l'ouate colorée, n'y sert que de décor à l'action. Pourtant, le jeune Lautrec, quand il est dans son pays natal, peint aussi, à la manière d'esquisses, de petits paysages exaltés, et dans lesquels il utilise une technique à l'envolée, strapassant des taches de couleur qu'il aboute et gravant ici ou là les contours et les troncs des arbres en incisant cette pâte de couleur

«Oui, ce qui me dérangeait tout particulièrement, c'était son désordre formel. Mon pauvre Henri! Tous les matins, il passait à mon atelier; à 14 ans, en 78, il copiait mes études; il fit même mon portrait, mais je dois dire que j'en tremblai d'horreur. Pendant les vacances, il faisait des portraits d'après nature, des chevaux, des chiens et des soldats pendant la manœuvre. L'hiver à Cannes, il peignait les bateaux, la mer et les cavalières. Henri et moi, nous allions ensemble au cirque pour voir les chevaux, et au théâtre à cause des décors. En chevaux et en chiens, il s'y connaissait parfaitement». RENÉ PRINCETEAU

«Vous serez peut-être curieux de savoir de quelle manière Bonnat m'a dispensé ses encouragements. Il m'a dit: ‹Votre peinture n'est pas mauvaise du tout, c'est fameux, mais enfin pas du tout mauvais, mais votre dessin est tout bonnement atroce›. Et dire qu'il faut prendre son courage à deux mains, et recommencer depuis le début, des trucs à la mie de pain...»
TOULOUSE-LAUTREC

«Cormon m'a reçu avec bienveillance. Mes dessins surtout l'ont bien disposé. Mon nouveau patron est l'homme le plus maigre de tout Paris. Il vient nous voir souvent et il veut qu'on s'amuse à peindre en dehors de l'atelier le plus possible».
TOULOUSE-LAUTREC

La grosse Maria, Vénus de Montmartre, 1884
Huile sur toile; 80,7 ×64,8 cm
Wuppertal, Von der Heydt-Museum

La Blanchisseuse, 1888
Fusain; 65 × 50 cm
Albi, Musée Toulouse-Lautrec

«Je n'y arrive pas, je n'y arrive pas, il faut
que je fasse le sourd et que je me cogne la
tête contre les murs – oui –, et tout ça, pour
un art qui me fuit et qui ne saura jamais tout
ce que j'ai eu à souffrir pour lui ... Ah,
chère grand-Maman, que vous faites bien
de ne jamais vous adonner à ce point à la
peinture. C'est pire que le latin quand on
veut le faire sérieusement comme je le
veux».   TOULOUSE-LAUTREC

La Blanchisseuse, 1884
Huile sur toile; 93 × 75 cm
Paris, Collection privée

avec le manche de son pinceau. Au vu de ces représentations visionnaires
et si senties de la nature, il est presque regrettable que Lautrec ait
complètement abandonné par la suite le paysagisme.

Outre cet autoportrait de jeunesse, le jeune homme peignit également
avec bonheur d'autres portraits dont il trouva les modèles dans son
entourage familial. La comtesse Adèle est apparemment le modèle favori
et patient du jeune homme. Peu de peintres ont rendu hommage à leur
mère en la représentant tant de fois. Le portrait «lumineux» de la comtesse
dont on trouvera la reproduction p. 10, et dans lequel le peintre se sert
avec brillo de la technique impressionniste, est tout particulièrement
remarquable en ce qu'il ne se contente pas de rendre pleinement cet
instant de méditation dans laquelle la comtesse est absorbée devant sa
tasse de café, mais en ce qu'il révèle de l'état d'âme du jeune peintre et de
sa fixation sur sa mère. La palette économe, qui favorise les teintes claires
allant du jaune crème au marron, rehaussées de quelques rares touches
dans le rouge et le vert, annonce déjà ce raffinement des coloris dans
lequel Lautrec ne cessera d'être maître.

Lautrec devait peintre en 1882 (repr. p. 13) le jeune journalier Routy
qui travaillait dans le domaine familial de Céleyran; il le représente assis
sur le mur bas d'un jardin en train de tailler un morceau de bois. La
composition de ce tableau, tout en hauteur, est insolite par la disparité de
ses proportions. Une pièce de terre travaillée à coups de pinceau et de
spatule occupe à elle seule toute la partie inférieure du tableau; la moitié
supérieure pourrait être de la peinture tachiste, de la peinture abstraite.
Par là est créé un espace qui force le regard à converger sur la figure du
jeune homme, peinte, comme d'ailleurs la section de paysage qui est
suggérée à l'arrière-plan, par larges taches de couleur uniformes. Le
peintre a presque entièrement renoncé à accuser les contours. L'ensemble
est un camaïeu dans les tonalités voisines du gris, du bleu et du vert,
ressorti de quelques touches dans le marron. On possède une série
d'études préparatoires à ce tableau (repr. p. 12), ainsi qu'une effigie en
buste du jeune Routy, de qualité comparable pour l'exécution, et où ce
personnage est également représenté dans un paysage (Munich, Neue
Pinakothek).

En 1884, Lautrec peint «Le Bois-Sacré», parodie de cette
représentation d'une nature idéale qu'est le panneau ainsi dénommé du
peintre, alors très recherché, Pierre Puvis de Chavannes. C'est le chant
d'adieu d'un jeune homme de vingt ans qui tourne le dos à cet art officiel
qu'on lui a proposé en modèle, cet art figuratif creux et mensonger. La
même année, Lautrec commençait également à rompre les liens qui
l'unissaient à sa mère – du moins, il déménageait – et à s'entourer d'un
cercle de confrères et d'amis, sentant, quoi qu'il lui en coûtât, la nécessité
de cet acte d'indépendance. Les motifs qu'il invoque auprès de sa famille
ne sont vraisemblablement pas les vrais: «Papa me considérerait
naturellement comme un marginal ... J'ai dû forcer ma nature, car vous
savez aussi bien que moi que c'est contre ma volonté que je mène une
véritable vie de bohème; je n'arrive pas à m'y faire, car je suis assailli par
une masse de considérations sentimentales, que je dois jeter par-dessus
bord si je veux arriver à quoi que ce soit...»

Un style nouveau
1886–1891

Dans un café parisien, Lautrec, alors âgé de 23 ans, fait avec des bâtons de pastel aux couleurs douces le portrait de son camarade Vincent Van Gogh, qui en a à cette époque 34. C'est le portrait le plus fidèle que l'on ait du peintre hollandais. D'autres ont vu dans le personnage passionné de Van Gogh un animal aux aguets, assis devant son absinthe et prêt à bondir à chaque instant. Pour riches en expressivité que soient certains autoportraits de Van Gogh et pour extraordinaire que soit leur facture, celui peint par Lautrec a pour lui de saisir magistralement le côté psychologique de «phénomène Van Gogh». Ce don qu'a Lautrec de ressentir autrui le seconde pour la première fois et lui permet de réaliser ici un portrait exaltant, où il parvient à rendre le fond du personnage représenté. Dans cette œuvre, dont le style est encore entièrement marqué de la manière des impressionistes, il réussit à rendre bien plus qu'une simple atmosphère. Il y a su fixer cette force qui animait Van Gogh et le possédait, tout en restant extraordinairement fidèle la réalité dans sa restitution de la physionomie du peintre. Des autoportraits et des trois photographies que nous possédons du Hollandais, aucun n'a saisi le peintre sous cet angle. En dessinant ainsi son ami de profil, Lautrec nous en a conservé un aspect que nous ignorerions sinon.

Les deux peintres si différents ont probablement fait connaissance en février 1886, au moment où Van Gogh, qui venait de quitter la Hollande et Anvers pour s'installer à Paris – il devait habiter chez son frère Theo qui était marchand d'objets d'art –, entra dans l'atelier de Cormon. Le marginal Lautrec a dû immédiatement remarquer le marginal Van Gogh et chercher, avec le tempérament communicatif qui était le sien, à prendre contact avec lui. C'est vraisemblablement lui qui mit également en relation le «nouveau» avec d'autres camarades de l'atelier Cormon, car les amis de Lautrec Charles Laval, Eugène Boch, François Gauzi, Louis Anquetin et Emile Bernard furent bientôt ceux de Van Gogh.

L'atelier du peintre de salon, mais aux idées larges, Cormon, était un des principaux foyers du postimpressionnisme, plus exactement de ce courant du postimpressionnisme auquel les historiens de l'art appliqueront le nom de cloisonnisme – un concept dérivé du mot «cloisonné», qui désigne dans la fabrication des émaux le procédé qui consiste à sertir un émail d'arêtes de métal figurant le dessin. Imitant cette technique artisanale, les élèves de Cormon Bernard, Anquetin, Van Gogh et parfois également Lautrec – sans compter Paul Gauguin, qui ne faisait pas partie du cercle, mais devait être initié à ce procédé par l'entremise de Bernard – peignaient des surfaces floues qu'ils délimitaient en les bordant de

Le quadrille de la chaise Louis XIII à l'Elysée-Montmartre, 1886
Plume et crayon; 50 × 32 cm
Albi, Musée Toulouse-Lautrec

Vincent Van Gogh, 1887
Pastel sur carton; 54 × 45 cm
Amsterdam, Rijksmuseum Vincent Van Gogh

Au Cirque Fernando: L'Ecuyère, 1888
Huile sur toile; 100,3.× 161,3 cm
Chicago, Art Institute of Chicago

«Degas m'a encouragé en me disant que mon travail de cet été n'était pas trop mal. Je voudrais bien le croire!»
TOULOUSE-LAUTREC

contours la plupart du temps foncés. Les cloisonnistes découvraient ainsi, en détournant ce procédé du cloisonnement de sa finalité originaire, sa valeur artistique intrinsèque et l'effet formel que l'on pouvait en tirer. Les gravures sur bois japonaises aux formes stylisées et aux contours fortement accentués les confortèrent dans leur opinion qu'on pouvait également utiliser de tels procédés hors de leur fonction, que la schématisation, voire la déformation, qui en résultaient, permettaient d'obtenir une plus grande expressivité. Absence d'ombres, composition en diagonale, manière surprenante de découper la scène, certains motifs décoratifs, qui caractérisent l'univers figuratif des œuvres du Lautrec de la maturité, sont à mettre au compte de cette influence «japonaise».

Peu avant son départ pour Arles, Van Gogh avait pu encore assister avec intérêt à la naissance du tableau de Lautrec «Poudre de riz» (Amsterdam, Stedelijk Museum). Ce tableau, montrant une femme en train de se maquiller, et qui est composé dans un esprit encore pleinement impressionniste, fut achevé en 1888 et acheté par Theo Van Gogh pour sa collection personnelle. La même année, Lautrec devait peindre son premier grand chef-d'œuvre: «Au Cirque Fernando: L'Ecuyère» (repr. en haut de page), une œuvre dont la composition et l'organisation de l'espace étaient fortement inspirées part l'art japonais; mais c'était aussi une réalisation pleinement originale du jeune peintre qui entre-temps avait, comme d'ailleurs ses autres camarades, quitté depuis longtemps l'atelier Cormon. Le cirque était alors dans l'air: en 1879, Edgar Degas avait déjà choisi ce sujet pour thème de sa «Miss Lala au cirque Fernando» (Londres, National Gallery); l'œuvre, qui représentait une trapéziste vue de tout en bas évoluant sous la coupole du cirque, était également fortement influencée par l'art japonais.

En choisissant de traiter une écuyère montant dans le manège, Lautrec a par contre fait preuve d'originalité. Georges Seurat et Pierre Bonnard reprendront plus tard le thème. Mais aucun d'entre eux – même pas Degas – n'a su comme Lautrec rendre de façon si suggestive cette impression physique et fugitive de force de la nature produite par le lourd galop du cheval et évoquer l'idée de déroulement multiple de l'action en représentant concomitamment une scène de clowns. Lautrec n'a traité ce sujet ni de manière réaliste-académique, ni de façon impressionniste; cet effet, il le doit à l'originalité de sa composition, aux moyens picturaux inédits, tant dans le choix des couleurs que dans l'organisation de l'espace, mis en œuvre: le cheval au galop, saisi de l'arrière dans une perspective de biais, fait irruption du coin droit inférieur pour s'engager dans la surface du tableau. Cette ligne de force diagonale, que l'on retrouve fréquemment dans l'art japonais, a également pour fonction de partager la scène en deux parties. Le centre du tableau, Lautrec l'a laissé vide, un effet de composition qui ne devait pas être sans déconcerter le

«Il porte mes habits, mais coupés à ses mesures»   Jugement d'EDGAR DEGAS sur Lautrec

«Je préfère Lautrec»
     PAUL CÉZANNE, interrogé à propos de Degas

«A la Mie», 1891
Huile et gouache sur carton; 53,5 × 68 cm
Boston, Museum of Fine Arts

Edgar Degas: Mademoiselle Dihau au piano, entre 1869 et 1872
Huile sur toile; 39 × 42 cm
Paris, Musée d'Orsay

«Le tableau de Lautrec, Portrait d'une musicienne, est tout à fait étonnant, il m'a beaucoup ému».   VINCENT VAN GOGH

Mademoiselle Dihau au piano, 1890
Huile sur carton; 69 × 49 cm
Albi, Musée Toulouse-Lautrec

public d'alors, habitué à des compositions construites sur une perspective centrale. Le tableau est comme divisée en deux «camps» asymétriques, reliés entre eux par la dynamique des gestes et des mouvements: le cheval, se dirigeant vers la gauche, est sur le point d'entrer dans cette zone claire et dégagée formée par le sol du manège, tandis que le directeur du cirque, figuré à gauche, fait claquer son fouet dans l'espace vide qui se trouve au centre au premier plan et ce geste, par lequel il cherche à stimuler la cavalière, forme comme un pont entre lui et le cheval. Le clown qui fait le pantin à gauche, son collègue monté sur un tabouret à l'arrière-plan, les spectateurs assis sur les gradins sont coupés sans ménagement par les bords du tableau – encore un procédé emprunté aux japonais. L'arbitraire apparent de leurs tableaux avait déjà fasciné Degas, qui avait cherché à s'approprier le procédé. Lautrec, dans ce premier coup de génie, a su également exploiter le stratagème.

Degas fut sans aucun doute, des contemporains qui ne faisaient pas partie de sa génération, le peintre qui exerça la plus grande influence sur Lautrec. S'il se contenta chez ses maîtres académiques Bonnat et Cormon d'apprendre de la technique, Lautrec trouva dès le début dans l'impressionnisme et les écoles apparentées ses véritables initiateurs stylistiquement parlant. On conçoit facilement que tout particulièrement les personnagistes de cette école aient enthousiasmé un Lautrec porté sur la représentation d'animaux et d'êtres humains. Ce furent surtout les thèmes traités par Degas que s'appropria Lautrec, même si l'on peut remarquer certains déplacements d'accent, en apparence légers, mais souvent décisifs. La femme chez sa modiste ou à sa toilette, les cafés-concerts et les maisons closes, les blanchisseuses et les danseuses, tous ces thèmes répondaient aux exigences imposées par un Charles Baudelaire ou un Emile Zola.

Lautrec habitait à Montmartre dans la maison où Degas avait son atelier. Y habitaient également les trois Dihau, qui étaient d'ailleurs des parents éloignés de Lautrec. Degas avait fait vers 1870 le portrait de la pianiste Marie Dihau, la représentant au piano en train de se tourner vers le spectateur (repr. de la page de gauche). En 1890, Lautrec fit également un portrait de cette femme qu'il figura chez elle en train de jouer du piano (repr. de la page de droite). A l'arrière-plan, on peut voir accroché au mur de droite, esquissé de façon schématique, le tableau de Degas – un hommage discret de Lautrec pour son idole. Dans ce portrait, composé dans un style hybride qui allie l'impressionnisme au cloisonnisme, Lautrec réussit, comme il l'avait déjà fait dans le pastel représentant Van Gogh, à rendre, par-delà la spontanéité de l'instant, l'essence de la pianiste, son caractère profond. Marie Dihau est figurée au milieu de partitions empilées, dans la pleine concentration de son jeu; les tableaux accrochés au mur – Lautrec a apposé sa signature à l'un d'entre eux – symbolisent le haut niveau culturel de cette famille. Une palette parcimonieuse produit le chatoiement du tableau.

L'admiration éprouvée par Lautrec pour Degas n'était pas du tout réciproque. Degas – qui avait de toute façon la réputation d'être misanthrope – n'avait pour son jeune condisciple difforme que des remarques condescendantes. Mais il est possible que cette attitude ait été due à une certaine rivalité: si l'on compare le chef-d'oeuvre inégalé de Lautrec «A la Mie» (repr. p. 21) avec un tableau que Degas avait peint en 1876 et dont le thème comme l'inspiration sont apparentés, l'«Absinthe» (Paris, Musée d'Orsay), on ne peut manquer de noter, par-delà l'existence indubitable de traits communs, des différences qui, pour le public

Gueule de bois: La Buveuse (Suzanne Valadon), 1889
Encre de Chine noire, plume, pinceau et craie; 49,3 × 63,2 cm
Albi, Musée Toulouse-Lautrec

«Je me suis fort amusé ces jours-ci au «Chat Noir». Nous avions organisé un orchestre et nous faisions danser le peuple. C'était fort drôle, seulement on se couchait à cinq heures du matin, ce qui fait souffrir un peu le travail dudit matin». TOULOUSE-LAUTREC

Monsieur Samary, de la Comédie-Française, 1889
Huile sur carton; 75 × 52 cm
Paris, Musée d'Orsay

contemporain, parlent en faveur de l'œuvre de Lautrec. Degas a agencé son tableau de façon audacieuse, mais presque trop formelle, reprenant aux maîtres japonais leur composition en diagonale et leur manière de faire mordre abruptement le cadre sur la scène. Le sujet proprement dit – la mélancolie d'un couple las d'une vie commune – est refoulé dans le coin supérieur droit du tableau, et le flou élégant de la facture, la décence des tons pastel utilisés font perdre à ce thème naturaliste quelque peu de sa vigueur – la forme a le pas sur le contenu.

Lautrec, lui, ne se contente pas de peindre un couple attablé dans un café, mais nous dévoile le caractère de ces personnages et la situation dans laquelle ils se trouvent et qu'il a parfaitement saisie: l'homme – Maurice Guibert, un ami de Lautrec, a posé pour le peintre –, perdu dans les brouillards de l'alcool, cuve son vin, tandis que sa compagne, une mégère aux cheveux roux, lui tourne le dos, étalant sa mauvaise humeur. Suzanne Valadon – la mère de Maurice Utrillo, et qui sera elle-même peintre de talent –, qui avait déjà servi de modèle pour «Poudre de riz», a encore posé pour ce tableau. Lautrec fit preuve d'un caractéristique de l'inaltérabilité de son don d'observation en fixant dans sa mémoire une scène qu'il n'avait vue qu'une fois pour la retrouver en utilisant après coup des modèles et en transcrire fidèlement l'atmosphère dans toute son intensité. La prépondérance de tons d'un rouge agressif, de couleurs lourdes de signification donc, et le coup de pinceau mouvementé, qui se contente parfois d'esquisser grossièrement les formes, traduisent l'état de dégradation de ce couple désagrégé. On voit comment chez Lautrec, la nouveauté du message se cherche une forme appropriée. Quand on pense à la façon dont la peinture française cherche presque exclusivement à obtenir un effet harmonieux et décoratif, ce tableau nous apparaît comme un unicum dont on ne peut trouver de parallèle que dans certaines peintures et caricatures d'Honoré Daumier. Il faut attendre le jeune Pablo Picasso et Käthe Kollwitz pour voir exprimée avec autant de justesse une critique sociale aussi exacerbée.

Il est vrai que Lautrec n'a pas couramment fait preuve d'un tel engagement dans ses productions artistiques. Issu d'une famille de la grande noblesse et conséquemment monarchiste, il ne s'est jamais engagé dans les débats politiques du jour, et ce n'était certainement pas un républicain convaincu comme son devancier Daumier. Dans la bohème de Montmartre, dans ce monde où s'ébattent les parias de la société, il a pourtant trouvé ce monde si peu conventionnel qui est le sien, son moi. Au milieu de ces attractions et de ces curiosités, Lautrec se faisait moins remarquer que parmi les siens, ce monde clos qui ne voulait pas percevoir la réalité et continuait comme si de rien n'était à croire en la pérennité de la caste qu'il représentait, sans remarquer qu'elle n'était plus depuis longtemps qu'une chimère. Au mensonge grâce auquel sa famille parvenait à vivre, il devait opposer la vraie réalité, avec sa trivialité et sa brutalité.

C'étaient surtout les lieux où l'on dansait qui le fascinaient. Au début, il avait cherché à croquer de façon impressionniste le manège divers des chercheurs de plaisir qui hantaient l'Elysée Montmartre. Mais à la fin des années 80, il passe presque tout son temps au Moulin de la Galette, un cabaret longtemps fort en vogue et qui avait été aménagé rue Lepic dans un ancien moulin à vent de Montmartre. Le jardin de cet établissement avait déjà été peint par Pierre-Auguste Renoir qui, en 1876, lui avait consacré une de ses meilleures toiles (Paris, Musée d'Orsay). Dans la toile que l'on peut voir ci-dessous et qui date de 1889, Lautrec a peint l'intérieur

de l'établissement. Comme dans son œuvre représentant le cirque, une ligne de force oblique – figurée ici par la barrière qui sépare les tables de la piste de danse – traverse le tableau et conduit le regard au fond de la salle. Le long de la balustrade sont alignées des candidates à la danse; derrière elles, un homme coiffé d'un chapeau est accoudé à sa table. Les personnages dirigent leurs regards dans les directions les plus diverses, créant ainsi des lignes horizontales imaginaires qui découpent le premier plan comme en un espace psychologique où se trahissent les états d'âme les plus opposés, sentiment d'isolation, intérêt complaisant et superficiel et torpeur songeuse. A l'arrière-plan, on peut voir le mouvement ondulant de la foule dansant, un groupe de personnages debout en train de discuter. Lautrec a compensé la tension vers le fond droit du tableau produite par la diagonale formée par la barrière en construisant les lignes de parquet selon un point de fuite qui se perd au fond à gauche, et le tableau tout

Au Bal du Moulin de la Galette, 1889
Huile sur toile; 88,9 × 101,3 cm
Chicago, Art Institute of Chicago

entier est comme animé de cette tension entre l'avant et l'arrière, la gauche et la droite. Dans certaines parties, Lautrec a dilué son huile au point qu'on croit avoir affaire à une aquarelle, parfois encore, il l'a appliquée à traits vagues comme dans une esquisse et dans des tons fondus. Seuls les quatre personnages qui se trouvent au premier plan sont représentés de manière plus précise. L'arrière-plan n'est plus qu'un enchevêtrement de traits qui frémit comme une diaprure. Lautrec a su rendre à perfection l'atmosphère qui règne dans une salle de bal, la fugacité des événements qui s'y déroulent.

Un an plus tard, Lautrec prenait une autre salle de bal, le Moulin Rouge, qui avait été ouvert en 1889 et devait détrôner le Moulin de la Galette en lui ravissant ses stars, pour cadre d'une grande toile: «La Danse au Moulin Rouge» (repr. en haut de page). Nous avons ici affaire à une composition bien plus complexe et élaborée que celle du tableau de l'année précédente. Lautrec arrive presque à suggérer la profondeur de la salle par le seul agencement, de l'avant à l'arrière, des personnages. Au milieu de la piste, sur la gauche, entourés d'un public de consommateurs, dansent la Goulue et Valentin-le-désossé, deux stars de cabaret, dont les noms devaient être immortalisés par les œuvres de Lautrec.

La Danse au Moulin Rouge, 1890
Huile sur toile; 115,5 × 150 cm
Philadelphie, Philadelphia Museum of Art

Le kaléidoscope des stars

Sous l'éclairage jaune des lampes qui illuminent la salle du Moulin Rouge, dansent la Goulue et Valentin-le-désossé, et les silhouettes noires de spectateurs avides de plaisir font cercle autour d'eux: tous deux sont l'attraction de ce cabaret, qui vient d'ouvrir depuis deux ans et qui a vite atteint une grande popularité; tous deux sont au sommet de leur carrière (repr. de la page de gauche). Au premier plan, on peut voir Valentin, figuré à demi-corps, et dont la silhouette, peinte de profil dans de chatoyants tons gris vert, donne l'impression, avec sa superficie uniformément colorée, de rester en retrait; mais le grotesque du personnage en est par là même accentué, un stratagème dont l'effet est encore renforcé par les courbes stylisées qui isolent et autonomisent ce dessin du reste. La figure blême, comme fantomatique, du danseur nous dérobe en partie sa partenaire qui tournoie juste derrière, et qui est le seul personnage de la scène qui soit «vraiment» figuré, c'est-à-dire à ne pas être rendu par une simple silhouette. Toutefois, Lautrec l'a représentée elle aussi de façon stylisée et insérée dans la composition avec une subtilité remarquable: elle ne danse pas au tout premier plan, mais le peintre nous en a en partie dérobé la vue; à droite, elle est masquée par la silhouette de Valentin; sur le bord de gauche, une série de lampes s'avançant en saillie dans le tableau dissimule ses dessous voltigeants. Lautrec a créé un effet de profondeur en dessinant les lignes formées par les lames de parquet selon une perspective centrale menant au fond de la salle et en donnant des statures différentes aux silhouettes sans épaisseur qui s'échelonnent les unes derrière les autres. Des lettres capitales rouges et noires annoncent le spectacle pour lequel l'affiche fait de la réclame: le bal qui a lieu quotidiennement au Moulin Rouge et où la Goulue fait son entrée.

Placardée aux murs et aux colonnes d'affichage de Paris, cette affiche de grand format rendit du jour en lendemain son créateur célèbre. En octobre 1891, il écrit à sa mère ces mots laconiques: «Mon affiche a été aujourd'hui placardée sur les murs de Paris et je vais bientôt en faire une autre». Lautrec faisait une entrée bruyante dans la gravure. Il n'avait jusque-là livré que des dessins destinés à illustrer des journaux et dont on avait ensuite tiré des estampes, et n'avait donc jamais produit lui-même de gravures. Après une relativement longue période d'atermoiements, à 27 ans, dans la dernière décennie donc de sa vie, il se lançait dans un procédé qui devait pleinement répondre à sa nature artistique profonde. Si l'on fait abstraction de quelques essais – qu'il jugea très probablement peu satisfaisants – de gravure à la pointe sèche, son moyen d'expression privilégié sera dorénavant la lithographie mono- et polychrome. Le catalogue de ses œuvres comporte en tout 350 lithographies, dont trente

La Goulue, 1894
Lithographie en noir et blanc;
31,4 × 25,7 cm
New York, Museum of Modern Art

«Des affiches! Des affiches! C'est là que gît le lièvre!» TOULOUSE-LAUTREC

REPRODUCTION DE LA PAGE DE GAUCHE:
«Moulin Rouge»: La Goulue, 1891
Chromolithographie (affiche);
191 × 117 cm
Milan, Civica Raccolta di Stampe Bertarelli

affiches environ; ce ne sont pas toutes des ouvrages de premier rang, mais une bonne douzaine d'entre elles comptent parmi ce que les arts mineurs ont produit de meilleur.

En 1891, quand Lautrec commença à faire des lithographies, cette technique était connue et utilisée depuis plus d'un siècle: c'est Alois Senefelder qui en 1796, inventa à Munich le procédé de la gravure sur pierre. Il avait découvert que si l'on dessinait avec des bâtons de craie grasse sur du calcaire poreux, qu'on humectait d'eau les parties non coloriées et qu'on étalait sur le tout une encre grasse d'imprimerie, les parties qui avaient été humidifiées n'absorbaient pas l'encre et seul apparaissait, quand on tirait sur papier, ce qui avait été dessiné à la craie grasse. Avec le temps, on améliora l'opération en utilisant des procédés chimiques. Au début du XIX^{ème}siècle, on vit également s'ouvrir à Paris des imprimeries spécialisées dans la production de lithographies. Au début, on utilisa ce procédé nouveau dans des buts purement utilitaires, comme par exemple l'édition de textes ou de partitions. Mais peu à peu, de très nombreux artistes découvrirent également les possibilités techniques et matérielles qu'offrait la gravure sur pierre.

Aux environs de 1820, le monde des arts connaissait déjà les premiers chefs-d'œuvres lithographiques. Ils étaient signés entre autres par Théodore Géricault, Richard Parkes Bonington, Francisco de Goya et Delacroix. Certains peintres, moins connus que ceux que l'on vient de nommer, se spécialisèrent dans cette technique, ainsi les Français Nicolas-Toussaint Charlet et son élève Denis-Auguste-Marie Raffet. Paul Gavarni et Daumier furent avant Lautrec les plus grands artistes français connus pour leur production lithographique. Ils travaillaient tous deux principalement pour des journaux illustrés dont les membres de la rédaction avaient senti le profit et l'utilité qu'ils pouvaient tirer de la lithographie pour leur conception graphique. Les illustrations commandées étaient la plupart du temps en relation avec les événements quotidiens de l'actualité et allaient de la représentation objective de scènes réalistes au dessin exagérément caricatural. Gavarni, et surtout Daumier, sont à juste titre devenus célèbres pour leurs caricatures de grande qualité artistique.

A l'époque de Lautrec, on avait déjà presque partout remplacé le premier procédé de gravure sur pierre par d'autres, moins coûteux, mais qui n'étaient pas forcément de meilleure qualité. On commençait même déjà à entrevoir la possibilité de recomposer des photographies par un procédé phototypographique au lieu de faire appel à un artiste pour faire les illustrations. Lautrec travailla de ce fait de façon autonome, et non pour les journaux illustrés – ce qui n'était pas encore le cas de Daumier. Il devait se consacrer surtout au genre de l'affiche lithographiée et de la lithographie, imprimant ses estampes pour son propre compte. Il commença sa carrière de graveur par des affiches.

Les études que l'on a conservées ainsi que les œuvres parallèles qu'il a consacrées à ce sujet témoignent du soin apporté par Lautrec à l'élaboration de l'affiche intitulée «Moulin Rouge: La Goulue»: nombreux sont les tableaux, esquisses et dessins à l'aquarelle ou au pastel, mais aussi lithographies (repr. p. 29), qui reprennent le thème de la danse au Moulin Rouge et les personnages de la Goulue et de Valentin. Même après le succès sensationnel que connut la fameuse affiche, il fit encore des chromolithographies ayant pour sujet le Moulin Rouge: c'est ainsi par exemple que parurent en 1892 les deux chefs-d'œuvre «La Goulue et sa sœur au Moulin Rouge» et «L'Anglais au Moulin Rouge».

«Reine de Joie», 1892
Etude pour l'affiche
Fusain sur toile; 152 × 105 cm
Albi, Musée Toulouse-Lautrec

REPRODUCTION DE LA PAGE DE GAUCHE:
«Reine de Joie», 1892
Chromolithographie (affiche);
136,5 × 93,3 cm
Albi, Musée Toulouse-Lautrec

REPRODUCTION DE LA P. 32:
Bruant aux Ambassadeurs, 1892
Etude pour l'affiche
Gouache sur carton; 140,5 × 95 cm
Paris, Collection Stavros Niarchos

REPRODUCTION DE LA P. 33:
Bruant aux Ambassadeurs, 1892
Chromolithographie (affiche);
150 × 100 cm
Collection privée

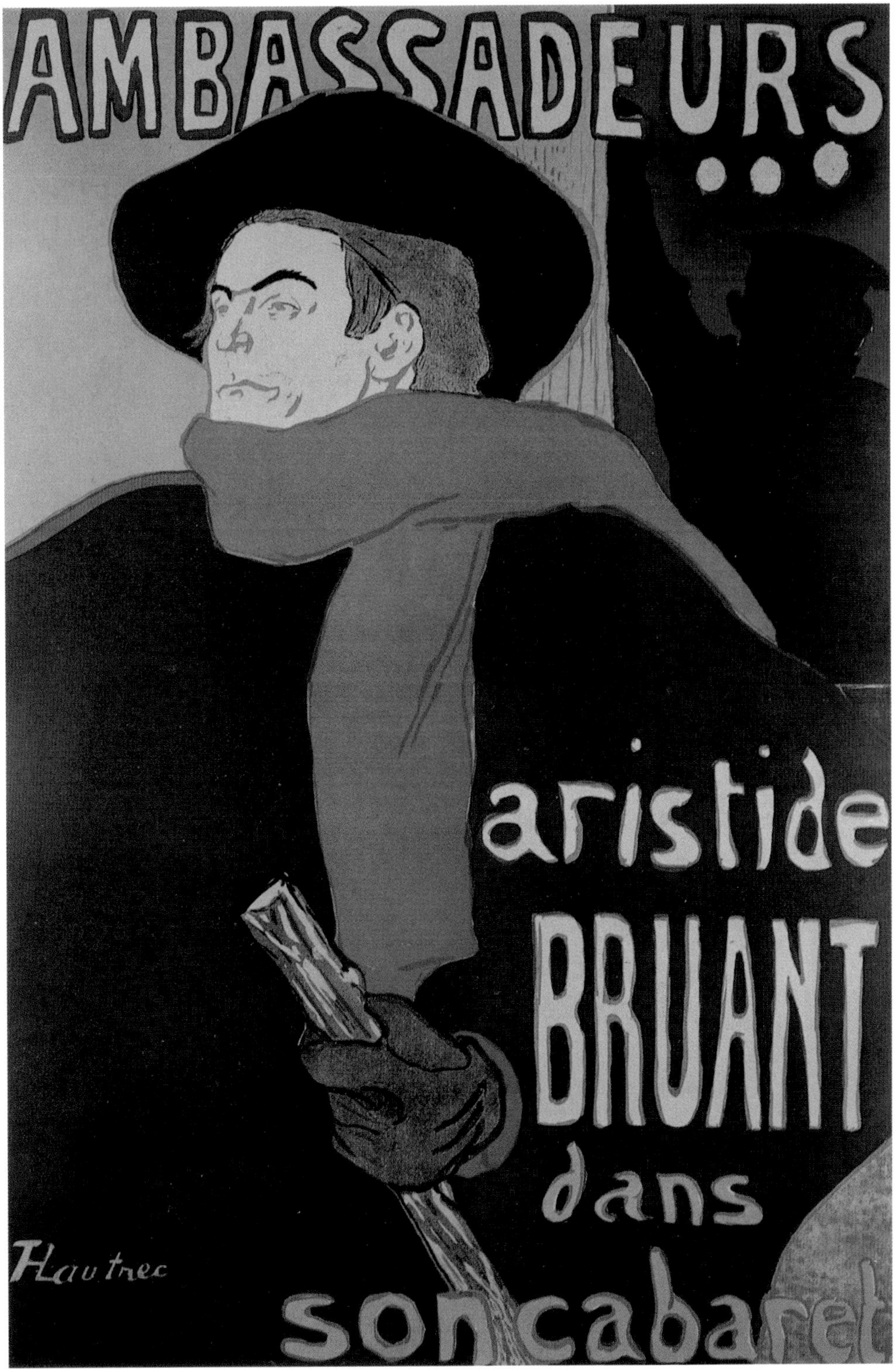
AMBASSADEURS
aristide
BRUANT
dans
son cabaret
H Lautrec

Aristide Bruant, 1893
Lithographie en noir et blanc;
26,8 × 21,5 cm
Albi, Musée Toulouse-Lautrec

«Je viens d'ouvrir l'exposition du Cercle où mes navets, quoique placés le plus mal possible, ont été notés favorablement par la presse. On est d'ailleurs fort aimable pour moi dans les journaux depuis mon affiche. Le «Paris», journal très républicain (n'en dites rien à la famille), a été jusqu'à me consacrer deux colonnes où l'on dévoile ma personne sans omettre un détail».
TOULOUSE-LAUTREC

Le Divan Japonais, vers 1892/1893
Chromolithographie (affiche);
80,8 × 60,8 cm
Collection particulière

Dans son affiche «Le Moulin Rouge: La Goulue», Lautrec réutilise la technique cloisonniste et inspirée par l'art japonais qu'il avait employée pour la première fois en 1888 pour son tableau ayant pour sujet le cirque: on y retrouve cette manière peu commune d'agencer la scène en sorte qu'elle soit mordue par les bords de l'affiche, cette façon de niveler à l'extrême la profondeur, de détacher les personnages sur un fond plus clair à la manière de silhouettes, de délimiter les surfaces en les cernant d'un trait, tous procédés qui s'avéraient particulièrement adéquats dans le cas de l'affiche, conçue pour être vue à une certaine distance, et où donc l'impression produite devait se trouver encore renforcée. Cette économie des moyens et cette stylisation poussées à l'extrême – une conjonction compartimentée de lignes, surfaces, couleurs et lettres distinguent tout particulièrement les affiches de Lautrec de ses autres œuvres, y compris de ses autres lithographies, plus «normales». Ces affiches sont le résultat d'un long et progressif processus de cristallisation et d'abstraction destiné à en éliminer volontairement cette vie qui émane encore d'une esquisse spontanée ou d'un tableau résultant d'une intuition. Elles visent à un autre but, ce sont comme le précipité d'expériences concrètes vécues, les chiffres ou les symboles du message qu'elles portent en elles.

C'est à juste titre que l'affiche du «Moulin Rouge» est probablement l'affiche la plus réputée que l'histoire de l'art nous ait conservée. Son créateur lui-même eut du mal à retrouver dans ses affiches ultérieures le niveau qu'il y avait atteint; il lui arriva bien de s'en approcher, mais occasionnellement et sans y réussir pleinement. Une bonne douzaine des trente affiches qu'il produisit atteint une perfection similaire. Pour bien se représenter les raisons pour lesquelles l'affiche du «Moulin Rouge» fit à ce point sensation, il suffit de la comparer avec celle que fit, deux ans avant Lautrec, de ce même établissement, celui qui passait à Paris dans les années soixante-dix – quatre-vingt pour le roi incontesté de ce genre décoratif, Jules Chéret: ce n'est qu'un chaos pompeux et surchargé à la manière du baroque tardif de danseuses costumées et montées sur des ânes (repr. p. 94). Lautrec, qui avait d'ailleurs de l'estime pour Chéret et était considéré en retour comme un «maître» par ce dernier, ne pouvait égaler l'œuvre de son prédécesseur qu'en adoptant une voie totalement nouvelle et originale. Il la surpassa. La technique qu'il avait été le premier à utiliser pour une affiche devait trouver des adeptes et est encore à l'œuvre dans la production actuelle.

Pierre Bonnard, qui avait, encore en 1891, tiré pour «France-Champagne» une affiche assez kitsch qui passe souvent, et à tort, pour une source d'inspiration du «Moulin Rouge», poussé par le succès de Lautrec, s'essaya dans l'année qui suivit à faire également une affiche sur le même thème, mais elle resta à l'état d'ébauche. Bonnard, qui appartenait avec Edouard Vuillard au groupe d'artistes dénommé les «Nabis» (les prophètes), sut mettre à profit, comme Vuillard et plus tard encore le norvégien Munch, la leçon de Lautrec.

En 1892, de nouvelles affiches virent le jour. Lautrec, de concert avec Bonnard, devait travailler à la diffusion du roman de Victor Joze qui venait de paraître, «Reine de Joie». Alors que Bonnard se consacrait à la mise en page un peu faible de la couverture, Lautrec concevait une affiche pour lancer le livre, et qui sera son deuxième chef-d'œuvre dans le genre (repr. p. 30): assise à une table de restaurant, une cocotte embrasse sur le nez un horrible bonhomme corpulent et chauve, mais qui a toutes les apparences d'être riche. Comme dans sa première affiche, Lautrec a utilisé là aussi la technique du «cloisonnisme à la japonaise»: quelques rares pointes de

34

couleur suffisent à animer le jeu des surfaces et des contours. Dans les affiches et autres gravures de Lautrec, il ne faut pas oublier de faire la distinction entre celles où l'agencement des lettres est dû à l'artiste qui les a intégrées délibérément à l'ensemble et celles où elles ont été rapportées après coup sans l'autorisation de l'artiste par les imprimeurs chargés de faire de nouveaux tirages. Seuls les caractères dessinés par Lautrec lui-même offrent de l'intérêt pour l'historien de l'art. Mais l'on tend à considérer aujourd'hui que même ces derniers ne sont pas toujours de la même veine que la partie proprement picturale, et les lettres figurant dans «Reine de Joie» en sont un bon exemple: formées de façon irrégulière, de taille et d'épaisseur différentes, d'un trait vacillant, elles semblent le fait d'un d'enfant. On sent bien quel effet Lautrec cherchait à obtenir: une assimilation de la graphie et du dessin, une osmose des caractères d'écriture et de l'image. Mais il n'y a pleinement réussi que dans quelques rares cas.

La même année 1892, Lautrec dessinait pour le chansonnier Aristide Bruant (repr. p. 33) une autre affiche où il tentait à nouveau de renouveler le genre en insérant des caractères d'écriture de son invention. Mais là aussi, c'est tout de même l'image qui prime, l'effet suggestif obtenu par l'utilisation des seules trois couleurs fondamentales rouge, jaune et bleu et cette manière de réduire les volumes à une simple surface. L'étude préparatoire à cette affiche (repr. p. 32), dessinée à traits rapides, et donc plus animée, est très instructive sur la manière dont travaillait Lautrec.

Lautrec avait fait la connaissance de Bruant quelques années auparavant. Dans son cabaret de Montmartre «Le Mirliton», Bruant insultait tous les soirs son public – et ce avec beaucoup de succès. Mais naturellement, c'était aussi par ses chansons qu'il attirait son public, les prolétaires aussi bien que les intellectuels et les artistes: car Bruant chantait le milieu des faubourgs en vrai précurseur de la future «chanson réaliste». Il le faisait d'une voix stridente – comme en témoignent des enregistrements faits vers 1910 et qui nous sont conservés – et dans des costumes de son propre cru. Par-dessus un costume de velours noir, dont le pantalon était serré dans de hautes bottes à tige, il portait une cape noire avec, autour du cou, un châle rouge et sur la tête, un chapeau noir à larges bords. Il lui arrivait souvent de sauter sur la table pour chanter ou engueuler son public de ce perchoir. Il aimait à souligner ses «messages» à l'aide d'une canne qu'il avait à la main.

Lautrec, qui avait un faible pour l'originalité humaine ou artistique, et qui les sentait de loin, fut un admirateur de la première heure de Bruant. On raconte qu'il avait amusé ses condisciples de l'atelier Cormon en leur chantant les rengaines de Bruant. Dès les années 80, il avait peint pour le cabaret de Bruant quelques toiles qui avaient pour thème la vie qui y régnait ou les lestes chansons du propriétaire. Il avait également, ainsi que d'autres artistes de Montmartre comme Théophile Steinlen et Adolphe Willette, fourni des illustrations au journal privé de Bruant, qui, comme le cabaret, s'appelait «Le Mirliton». En 1892, lorsqu'il commanda à Lautrec la première des quatre affiches, Bruant était depuis longtemps une célébrité qui entre-temps paraissait dans d'autres cabarets plus importants. C'est ainsi que cette première affiche était destinée à la tournée que Bruant faisait aux «Ambassadeurs». Lautrec a eu l'habileté de faire empiéter le chapeau de Bruant sur les caractères d'écriture – un type de composition encore très apprécié aujourd'hui; si bien que pour l'affiche destinée au cabaret «Eldorado», il lui a suffi de changer le nom de l'établissement et de la faire imprimer à l'envers. Mais la version

Yvette Guilbert, 1894
Fusain rehaussé de peinture; 186 × 93 cm
Albi, Musée Toulouse-Lautrec

REPRODUCTION DE LA PAGE DE GAUCHE:
Yvette Guilbert saluant le public, 1894
Gouache sur carton; 48 × 28 cm
Albi, Musée Toulouse-Lautrec

REPRODUCTION DE LA PAGE 38:
Jane Avril dansant, 1893
Etude pour l'affiche «Jardin de Paris»
Gouache sur carton; 99 × 71 cm
Paris, Collection Stavros Niarchos

REPRODUCTION DE LA PAGE 39:
Jane Avril au Jardin de Paris, 1893
Chromolithographie (affiche); 130 × 94 cm
Collection particulière

Yvette Guilbert, 1893
Lithographie en noir et blanc;
25,3 × 22,3 cm
Collection particulière

«Mais au nom du ciel, ne me faites donc
pas si atrocement laide! Un peu moins…!
Des tas de gens ont poussé des cris de
sauvage en voyant l'épreuve en couleur…
Ce n'est pas tout le monde qui voit
exclusivement le côté artistique… et
dame!!! Mille mercis de votre très
reconnaissante Yvette».   YVETTE GUILBERT

Misia Natanson: «Dites-moi, Lautrec,
pourquoi donc faites vous toutes les
femmes toujours si laides?»
Toulouse-Lautrec: «Parce qu'elles le sont!»

«Confetti», 1894
Chromolithographie (affiche); 54,5 × 39 cm
Collection particulière

originale fait sans aucun doute plus d'effet. Deux autres affiches datant
des années 1893 et 1894 sont consacrées à Bruant: dans l'une, le
chansonnier, vu de biais, est figuré à mi-corps, portant une cape, un
chapeau et un châle rouge; dans la dernière, qui le représente
complètement de dos, il y apparaît en pied, vêtu d'un costume et botté, se
dressant sur le pavé inégal de la rue.

Yvette Guilbert était elle aussi un des grands noms de la chanson de
l'époque. Elle apparaissait sur les scènes des cafés-concerts et des
cabarets les plus diverses, reprenant en partie le répertoire de Bruant. On
a également d'elle de vieux enregistrements sur disque, et ses chansons,
comme celles de Bruant, font partie de ce genre de la chanson réaliste que
des chanteurs comme Jacques Brel, Leo Ferré, Georges Brassens ou Edith
Piaf nous ont aujourd'hui rendu si familier. Comme pour Bruant, dont la
manière de s'habiller était devenue l'image de marque, Lautrec a stylisé la
façon dont Yvette Guilbert apparaissait sur scène – sa «silhouette»,
comme il l'appelait. Déjà dans l'affiche datant de 1892 conçue pour le
Divan Japonais (repr. p. 35) et dont le personnage central, que l'on voit
d'ailleurs assis au premier plan, est la danseuse Jane Avril, Lautrec a
rendu un premier hommage à la chanteuse révérée. On la voit en haut à
gauche sur la scène du cabaret en train de faire son récital, il est vrai, la
tête coupée par le bord supérieur de l'affiche, pourtant reconnaissable à
sa mince silhouette et à ces longs gants noirs qui sont devenus si célèbres
par les lithographies que Lautrec consacra ultérieurement à l'artiste qui les
portait. La chanteuse de café-concert raconte dans ses mémoires que
l'idée d'un tel artifice avait été plus le fruit de la nécessité et du hasard que
de la recherche d'un style personnel: «J'étais au début si pauvre, et comme
des gants noirs, c'est économique, je choisis des gants noirs. Mais je les
portais autant que possible avec des vêtements clairs et les plus longs
possible pour qu'ils soulignent la minceur de mes bras et donnent de
l'élégance à mes épaules et au port de mon long cou gracile».

Les relations entretenues par Guilbert et Lautrec sont typiques de la
manière dont le peintre faisait naître au premier abord par sa présence
physique comme par son œuvre un effet de répulsion. A la première
rencontre, la diva de la chanson fut choquée par la petite taille de Lautrec.
Seuls ses yeux marron foncé surent la séduire: «Ils sont beaux, larges et
resplendissants de chaleur et d'éclat. Je m'attardais à les regarder, et
voilà que Lautrec, qui sait qu'ils sont sa seule beauté, ôte son binocle et me
les offre généreusement. Par la même occasion, je remarque sa drôle de
main de nain; large et anguleuse, elle est attachée à un étrange petit bras
de marionnette… Il voulait prendre rendez-vous avec moi pour un jour de
la semaine suivante pour faire de moi des esquisses, des portraits, des
silhouettes… Trois semaines plus tard, il apparut avec tous ses ustensiles
de dessin et dit: ‹Je viens à l'improviste, mais je fais une exposition de
dessins, et il faut bien que j'aie Yvette Guilbert, pas vrai?› Et je posai pour
lui.»

Lautrec consacra un grand nombre de dessins, gouaches et
lithographies à Yvette Guilbert. Il conçut même l'idée d'une affiche, qui ne
vit malheureusement pas le jour, probablement parce que la chanteuse,
habituée au début aux portraits flatteurs que faisaient d'elle les autres
artistes, hésita trop longtemps à passer commande définitive à Lautrec. De
nombreuses lettres de la chanteuse datant de 1894 montrent clairement à
quel point elle fut choquée par la façon dont Lautrec la voyait et l'image
qu'il produisait d'elle. Mais il semble qu'elle finit par être convaincue du
talent artistique de Lautrec. Une chose est sûre aujourd'hui: si Yvette

Guilbert est devenue immortelle, elle le doit à l'image que nous en a donnée Lautrec, à sa manière de nous avoir fait accéder à l'essence même de son personnage, au fait qu'il ait moins cherché à mettre l'accent sur le côté décoratif que les autres artistes ayant choisi la Guilbert pour sujet de leurs tableaux ou de leurs affiches.

Lautrec fit deux séries de lithographies en noir et blanc consacrées à Yvette Guilbert. Le premier album parut en 1894 à Paris. Il contient le texte d'un critique d'art, Gustave Geffroy, texte qui couvre malheureusement à maintes reprises les délicates lithographies. Il est vrai qu'il existe également des tirages non accompagnés du texte imprimé. Le deuxième album parut en 1898 à Londres, et est appelé de ce fait la «série anglaise». Lautrec y donne un plus grand nombre de «vues de détail» de l'artiste, la figurant la plupart du temps en buste ou à mi-corps, alors que dans la première chemise, il s'était attaché à cerner plutôt le «phénomène dans son ensemble», la «silhouette» de la Guilbert. «Allons définir Yvette», disait Lautrec avant d'aller rendre visite à la chanteuse. Ses définitions se gravent facilement dans la mémoire et sont de la plus grande originalité; et ce, non seulement à cause du raccourci avec lequel il a su souligner l'essentiel, mais aussi par les instants qu'il a choisi de représenter, et qui témoignent d'une grande finesse d'observation: ainsi quand la Guilbert, en pleine action, écarte les petits doigts de ses mains gantées de noir (repr. p. 37), ou la façon dont elle salue le public après la fin de son récital (repr. p. 36). Même les enregistrements sur disque et les films ne nous livrent pas un témoignage de la Guilbert aussi vivant que cette manière géniale qu'a eue Lautrec de la fixer dans ses œuvres.

Lautrec a également immortalisé d'autres stars dans ses affiches, comme la fameuse Jane Avril qui paraissait sur la scène du Moulin Rouge et ailleurs. L'affiche que fit Lautrec en 1893 pour le Jardin de Paris (repr. p. 39) montre la danseuse dansant le cancan sur la scène de cet établissement. On opposera la spontanéité de l'étude préparatoire, peinte d'un seul jet (repr. p. 38), à l'effet de stylisation produit par les surfaces résolument planes de l'affiche. Le manche d'une contrebasse tenue par un musicien invisible se trouvant dans la fosse d'orchestre se prolonge comme en un cadre aux contours arrondis qui borde la scène de façon asymétrique, et que l'on peut considérer comme un élément emprunté à l'Art Nouveau; la seconde affiche que fit Lautrec en 1899 de Jane Avril (repr. de la page de droite) reflète encore plus l'influence des courants de l'Art Nouveau, dont le peintre avait pris connaissance lors de ses voyages en Angleterre et en Belgique: on notera cette manière décorative de répartir les surfaces, et surtout, la spirale formée par le serpent qui s'enroule autour du corps de la danseuse.

En 1895, la chanteuse irlandaise May Belfort et la danseuse américaine May Milton eurent droit toutes deux à faire l'objet d'une affiche de Lautrec. Il consacra à la danseuse américaine Loïe Fuller faisant tournoyer dans l'air les larges lés de son costume une chromolithographie recouverte d'une fine poussière d'or, et qui existe dans des variantes au dégradé délicat. Il fixa également les traits d'une passagère inconnue dont il avait fait la connaissance à bord d'un bateau à vapeur qui faisait la ligne du Havre à l'Afrique, et dont il était tombé amoureux, dans une chromolithographie intitulée «La Passagère du 54» (repr. de la page de gauche). Il en fit plus tard, en lui ajoutant des caractères d'écriture, une affiche pour une exposition. Mais on voit à la complexité de la composition qu'elle n'était pas prévue originairement à cet effet, car elle a quelque chose de direct et d'évocateur, une intimité qui

Jane Avril, 1899
Chromolithographie (affiche); 91 × 63,5 cm
Collection particulière

«Il est hors de doute que c'est à lui que je dois la célébrité dont j'ai joui depuis la parution de la première affiche qu'il a faite de moi».
JANE AVRIL

La Passagère du 54, 1896
Chromolithographie; 60 × 40 cm
Collection particulière

Femme au tub, 1896
Chromolithographie tirée de l'album
«Elles»; 40 × 52,5 cm
Collection particulière

jaillit du sein même de l'expérience vécue la plus personnelle, voire trahit le désespoir qui s'en est peut-être suivi. En retenant ses traits, Lautrec s'est approprié là l'inaccessible: une belle mondaine, qui incarnait la vraie vie et tout ce qui lui était absolument refusé.

La plupart du temps, les lithographies de Lautrec représentent la phase finale d'un long chemin marqué de très nombreuses étapes préparatoires. Si un motif l'inspirait, il pouvait arriver qu'il en passât de l'esquisse spontanée par un dessin plus approfondi ou une étude à l'aquarelle, à la détrempe ou à l'huile – la plupart du temps sur carton –, avant d'en arriver à une version définitive, qu'il peignait alors parfois sur toile en même temps qu'il en faisait une lithographie. Mais il arrivait aussi que Lautrec allât à l'imprimerie et s'en remît à sa seule mémoire visuelle, qui était extraordinaire, dessinant directement sur la pierre sans faire d'études préparatoires. Il excellait – et c'était peut-être là où il était le plus talentueux – dans la justesse et la rapidité du trait, qui savait tout de suite cerner l'essentiel tout en précisant cependant l'être des choses. Dans les années 90, Lautrec était un hôte familier des imprimeries parisiennes Chaix et Verneau, mais aussi de celles d'Ancourt et Stern. C'est là qu'il

essayait de différentes encres d'imprimerie sur des papiers diversement teintés, c'est là qu'il faisait des recherches techniques et tirer aussi bien les épreuves d'essai que les dernières versions de ses lithographies.

Lautrec ne fit pas que des affiches ayant pour thème le théâtre et ses étoiles, mais aussi une grande partie de ses lithographies en noir et blanc sont consacrées à ce même sujet. C'étaient surtout la comédie et les opérettes qui le fascinaient, au point qu'il allait plusieurs fois voir la même pièce. Quelquefois, cela tournait presque à la manie: il assista près de vingt fois – au grand dam de ceux qui devaient l'accompagner – à l'opérette mérovingienne «Chilpéric», où jouait Marcelle Lender – et cela soit-disant pour la seule raison qu'il avait été séduit par le décolleté dans le dos de la robe de Lender! On peut voir dans de nombreuses lithographies cette artiste saisie comme dans un instantané en train de jouer des scènes de cette opérette. Lautrec a peint également une grande toile (New York, Collection Whitney), qui représente la Lender en train de danser le boléro au milieu d'un décor moyen-âge. Pour les dimensions comme pour le soin avec lequel il a été élaboré, ce tableau constitue une exception dans l'œuvre de Lautrec. Il est fort possible que cette peinture

La Partie de campagne ou La Charrette anglaise, 1897
Chromolithographie; 40,5 × 52 cm
Collection particulière

monumentale soit une «étude préparatoire» à une chromolithographie de dimensions relativement plus restreintes, et qui compte parmi les gravures les plus réussies et les plus prisées actuellement sur le marché de l'art: le portrait en buste de Lender, qui parut pour la première fois en 1895 dans une revue d'art allemande, «Pan». Le rédacteur responsable de cette publication, Julius Meier-Graefe, en perdit son poste.

D'autres vedettes du théâtre de l'époque que Lender apparaissent également dans les lithographies de Lautrec, elles y sont représentées en pleine action sur la scène, mais on les trouve aussi comme des portraits en buste, qui ont parfois été faits d'après des photographies, et correspondent donc à ce qu'on pourrait considérer comme une édition de luxe de photos pour fervents admirateurs. Le fait que par exemple les deux séries représentant Guilbert aient été signées non seulement par l'artiste, mais aussi par la chanteuse, montre que l'on achetait alors ces lithographies plutôt pour la vedette qui y était figurée. Lautrec est insurpassable dans la manière de rendre les scènes de théâtre. Il est probable que ces pages lithographiées soient la meilleure preuve de cet art qu'il avait de saisir par le dessin, dans une intuition immédiate, l'essentiel. Lautrec trouve le lien de continuité, aussi bien pour la forme que pour le choix des motifs, avec les célèbres représentations d'acteurs que l'on trouve dans la gravure sur bois peint japonaise. Il est indubitable que sa passion pour le théâtre s'explique par ce goût romanesque des Français du Midi pour le spectacle. Mais il ne faudrait pas oublier que le théâtre était également pour lui comme un ersatz de monde: à la manière d'un voyeur, il «s'abreuvait» des scènes de théâtre, comme il trouvait dans les scènes de la vraie vie une nourriture à assimiler.

En 1896, Lautrec publia chez Pellet à Paris un album de chromolithographies, «Elles», qui reflète la vie quotidienne des prostituées dans une maison close (repr. p. 44). Si cette série paraît déjà être, par son sujet, révolutionnaire, elle le fut tout spécialement par le maniement extrêmement fin et différencié qu'il montra dans l'utilisation des moyens lithographiques à sa disposition. Lautrec a choisi – au contraire de ses affiches aux couleurs violentes et contrastées conçues pour être saisies d'un regard – de s'en tenir à des demi-teintes délicates, qu'il a combinées de manière originale. Pour soutenir la gradation des tons clairs et foncés de hachures ou de surfaces composées d'innombrables petites taches comme jetées en pluie fine. L'album «Elles» est une borne milliaire de la chromolithographie. Lautrec devait se faire des émules parmi ses collègues – surtout les «Nabis» et Munch –, qui surent faire fructifier son enseignement en produisant des chromolithographies non moins importantes, mais remodelées selon leur génie.

La dernière chromolithographie importante qui soit née en dehors de la production d'affiches est la page «Elsa, dite la Viennoise» (repr. de la page de droite), qui – elle appartient pour le thème au cycle de «Elles» – surpasse encore en finesse et en délicatesse des nuances tout ce que Lautrec avait jamais produit jusque-là dans le genre de la gravure polychrome. Les hachures se regroupent autour du personnage représenté, alors que tout autour, les surfaces parsemées de bleu et de brun-rouge à la manière d'un nuage de gouttelettes forment comme un espace ténu et fluant. L'humour de cette scène consiste en ce que Lautrec y a représenté une prostituée vêtue de pied en cap, et que même le vêtement ne laisse pas deviner les formes du corps. Seul est offert aux regards le visage benêt et maquillé à la mode.

Elsa, dite la Viennoise, 1897
Chromolithographie; 58 × 40,5 cm
Albi, Musée Toulouse-Lautrec

La vie, un cabaret
1892–1898

Un anglais portant canne et haut de forme et étalant toute la panoplie de son charme flirte dans le «Moulin Rouge» avec deux cocottes. Son habit et son attitude empesés contrastent avec les apprêts féminins dont le peintre s'est contenté de suggérer le raffinement. Mais les quelques indices qui nous sont donnés à voir – ruban noir autour du cou, dos décolleté, attitude grandiloquente de l'élue vue à moitié de dos, comme le regard de biais félin et la mèche de cheveux impertinente de la rivale qui écoute, et que l'on voit de face – expriment l'essentiel et ne laissent aucun doute sur le genre de dames auxquelles on a affaire. Il a fallu par contre à Lautrec détailler plus amplement, pour en «définir» le personnage, le Sir qui fait ses avances en se camouflant derrière sa noble façade. La mine aux aguets, le feu aux oreilles, la main vierge d'anneau conjugal, les jeux de physionomie de ce touriste du monde du plaisir qui veut se donner l'air d'un homme d'esprit exempt de contraintes, et que des courbes dynamiques savent rendre de la manière la plus expressive – tous sont des signes qui trahissent le marché qui doit se conclure et le plaisir sensuel qu'éprouve à l'avance ce loup déguisé en mouton.

Au contraire du premier jet génial de son étude préparatoire (repr. de la page de gauche), Lautrec a, dans une chromolithographie ultérieure qui traite le même sujet, repris le personnage de l'anglais en le figurant comme une silhouette uniforme dans les tons brun-rouge-violet qui n'est animée que par quelques rares traits foncés soulignant le dessin; il exprime ainsi d'une manière moins raffinée, qui n'est pas forcément plus réussie, la différence qui oppose les interlocuteurs, et que l'étude préparatoire avait saisie par le contraste entre dessin schématique et figuration concise. La stylisation de la gravure (cf. page de droite, la version en noir et blanc) fige à jamais en les monumentalisant bien des éléments dont l'étude rendait encore le caractère animé et dynamique propre à l'instant que l'on a saisi dans toute sa spontanéité.

Lautrec était à ce point fasciné par la vie nocturne de Montmartre qu'à partir de 1884, il devait habiter également dans ce quartier, pour ainsi dire à la source même de ses thèmes picturaux. Il opposait ainsi à la suffisance et à la présomption de sa famille la banalité et l'authenticité des êtres humains de toute classe sociale dont la vie animait Montmartre. Dans cette mesure, on peut considérer le tableau «L'Anglais au Moulin Rouge» comme une sorte d'autoportrait indirect. Le rejeton d'une noble famille savait combien de sensualité et de désirs couvent sous la façade aristocratique de l'homme du monde. Ne pouvant, à cause de ses difformités physiques, espérer auprès des femmes que rares succès, ou de

L'Anglais au Moulin Rouge, 1892
Lithoraphie en noir et blanc 47 × 37,3 cm
Collection particulière

«Ce qu'on joue m'est indifférent. Au théâtre – aussi mauvais soit-il – je m'amuse toujours». TOULOUSE-LAUTREC

REPRODUCTION DE LA PAGE DE GAUCHE:
L'Anglais au Moulin Rouge, 1892
Huile et gouache sur carton; 85,7 × 66 cm
New York, Metropolitan Museum of Art

Au Moulin Rouge, 1892
Huile sur toile; 123 × 140,5 cm
Chicago, Art Institute of Chicago

REPRODUCTION DE LA PAGE DE DROITE:
**La Goulue entrant au Moulin Rouge
(accompagnée de deux femmes),
1892**
Huile sur carton; 79,4 × 59 cm
New York, Museum of Modern Art

nature douteuse, c'est du point de vue de l'exclu qu'il regardait le monde des êtres humains en bonne santé, de ceux qui s'amusaient, profitaient de leur jeunesse et de leur argent, marchandaient leur propre corps ou se mettaient en quête de «chair fraîche» pour la consommer. Mais c'est aussi dans le dessein de s'étourdir et de se distraire que Lautrec fréquentait les établissements de Montmartre, ne pouvant ni ne voulant être seul – et ce de moins en moins, pour ne pas être exagérément confronté avec la situation exacerbée dans laquelle il se trouvait.

Comme il avait choisi la vie des cabarets comme thème principal de son art, il nourrisait chaque soir sa mémoire visuelle de sensations et d'impressions qu'il y éprouvait, de scènes auxquelles il assistait et au centre desquelles se trouvait l'Homme – qui ne livre souvent sa vraie nature que sous l'effet des vapeurs de l'alcool ou dans les transes de la danse. Lautrec prenait plaisir à voir tout ce tourbillon de la vie, les belles

**Carmen la rousse (Carmen Gaudin),
1884**
Huile sur carton; 23,9 × 15 cm
Albi, Musée Toulouse-Lautrec

«J'étais toujours ému de la façon dont
Lautrec changeait de ton quand on
commençait à parler d'art. Lui qui dans
toute autre occasion était tellement cynique,
et tenait des propos grivois, devenait alors
toujours d'un sérieux absolu. C'était pour
lui comme une religion». EDOUARD VUILLARD

**Au Moulin Rouge: Le départ du
quadrille, 1892**
Huile et gouache sur carton; 80 × 60,5 cm
Washington, National Gallery of Art

femmes, le scintillement de couleurs et de lumières de ce monde si
artificiel, mais qui, à y bien regarder, était peut-être plus vrai, plus
authentique, parce que moins inhibé. C'était précisément dans ces lieux
méprisés des autres artistes, à qui ils semblaient insolites ou scandaleux,
que Lautrec trouvait ce qu'il cherchait. Avec une acuité visuelle de
chirurgien dont le modèle littéraire serait Zola, il dépistait lieux et
situations qui n'étaient pas jusqu'alors apparues comme dignes de faire
l'objet d'une œuvre d'art.

Dans le début de années 90, le Moulin Rouge et ses vedettes furent
une source presque inépuisable d'inspiration, qui devait être à l'origine
d'une série de chefs-d'œuvre. Dans un tableau qui se trouve à New York
(repr. p. 51), la Goulue, qu'il avait immortalisée l'année précédente dans
sa première affiche, fait son entrée au Moulin Rouge dans une robe au
décolleté osé. Le cadre empiète sans ménagement sur les deux
compagnes auxquelles elle donne le bras. Comme probablement
également dans la réalité, elles n'ont d'autre fonction que celle de
figurantes destinées à mettre en relief l'entrée remarquée de la danseuse.
Un homme à chapeau haut de forme qui ressemble à un bull-dog traverse
la scène derrière elles et nous découvre, avec l'enfilade se rétrécissant
vers le fond formée par les lampes qui se reflètent dans le miroir à
l'arrière, la profondeur de la salle. Le tableau est entièrement peint dans
une tonalité froide, utilisant toutes les nuances de bleu et de vert,
rehaussées de quelques touches marron et orange. Le sens de l'œuvre est
donné par l'attitude et l'expression physionomique de la Goulue, celles
d'une star qui fait son entrée.

Le tableau «Au Moulin Rouge»: Le départ du quadrille» (repr. de la
page de droite) datant de la même année 1892 a retenu un moment tout
aussi marquant. Une danseuse (peut-être la Goulue?), les jambes écartées
et retroussant haut sa robe, prend position pour commencer son numéro,
alors qu'au premier plan, un couple de clients venant apparemment
d'arriver traverse la piste de danse pour chercher un endroit où s'asseoir.
La position des bras et des jambes qui signale de façon évidente le début
du quadrille, ainsi que le visage morne de la danseuse, expriment à la fois
son mécontentement à devoir attendre et sa fierté de danseuse de cabaret.

D'une manière grandiose, Lautrec a su retenir ici une scène fugitive
lourde de sens qui se jouait dans le scintillement de la salle illuminée de
vert et d'orange, et qu'un œil moins réceptif aurait jugée à peine digne
d'être remarquée. Lautrec fixe le mouvement passager, capture
l'irrestituable comme s'il avait eu un appareil-photo pour faire des
instantanés et prête durée à tout cela, en le sublimant dans son art. Il
anticipe même de manière saisissante certaines prises de vue que l'on
retrouvera dans les films. Pour ce qui est de la technique picturale, une
économie géniale des moyens est de loi, comme dans maintes autres
études à l'huile: les tonalités orange sont en grande partie dues au fond
cartonné qui n'a pas été peint, et qui est probablement aujourd'hui un peu
plus foncé qu'à l'origine. Le manteau de la femme qui se trouve figurée de
biais et de dos au premier plan, ainsi que les parties de piste que l'on peut
entrevoir, ne sont suggérés que par quelques coups de pinceau bleu et
marron – mais qui suffisent parfaitement à les évoquer. Lautrec a
également animé le centre et l'arrière-plan en laissant des espaces non
peints, dont le coloris contraste merveilleusement avec les vert clair
dominants.

Dans une grande composition, «Au Moulin Rouge» (repr. p. 50), qui
date de la même année, et qu'il a encore agrandie et perfectionnée en lui

Le Peintre à son chevalet:
Auto-caricature
Dessin à la plume
Albi, Musée Toulouse-Lautrec

«Partout et toujours la laideur a ses
sortilèges; c'est excitant de les trouver là où
personne ne les a remarqués jusque-là».
TOULOUSE-LAUTREC

Au Moulin Rouge: Les deux
valseuses, 1892
Huile sur carton; 93 × 80 cm
Prague, Národní Galerie

rajoutant des morceaux en un autre aspect de cet établissement: «Le promenoir du Moulin Rouge». Le tableau, qui est peint sur toile, est une des œuvres les plus élaborées de l'artiste. Près d'une balustrade vue en diagonale et qui traverse sur la gauche le premier plan, sont assis en train de discuter des clients de l'établissement, deux femmes et trois hommes, dans lesquels on reconnaît des connaissances de Lautrec. Au premier plan à droite, une femme vêtue d'une robe sombre – est-ce Jane Avril? – a le visage inondé de lumière. Les ombres vertes formées par les parties supérieures l'ont comme déformée, lui donnant l'allure d'un masque. Pendant qu'à l'arrière-plan, la Goulue, accompagnée d'une femme, ordonne sa chevelure devant un miroir, on voit derrière elle le petit Lautrec et la stature tout en hauteur de son cousin et ami, Gabriel Tapié de Céleyran, en train de traverser la salle à la manière de Sancho Pansa et Don Quichotte.

Lautrec aimait à faire les cafés avec ce parent pour le couple comique qu'ils formaient de par la disproportion de leur taille. Il est impossible qu'il se soit vu déambulant ainsi à l'arrière-plan avec son cousin comme il nous le montre dans cette toile qui compte parmi les plus complexes – et ce, ne serait-ce qu'à cause de la vue de profil. Mais il s'imaginait la façon dont les autres le voyaient et se peignait ainsi – sans aucune forme de ménagement pour soi-même. La position qu'il occupe parmi les personnages représentés est également caractéristique et symbolique du rôle qu'il était accoutumé de jouer dans la vie. Alors que tous s'amusent et discutent, Lautrec ne fait que passer en marge des autres, il n'est toléré que comme figurant marginal et voyeur.

Aussitôt après son ouverture en 1889, le Moulin Rouge était devenu le lieu d'amusement privilégié de Montmartre. Le succès était dû à l'attraction que représentaient les stars et à un aménagement intérieur original et de grand style. Le Moulin Rouge que l'on peut voir encore aujourd'hui place Blanche, et dont le plan a été dessiné par Willette, n'était qu'un trompe-l'œil et faisait référence aux vrais moulins à vent qui existaient auparavant en grand nombre, et parmi lesquels le Moulin de la Galette avait été transformé en établissement de danse. Dans le jardin du Moulin Rouge se trouvait un éléphant gigantesque acquis lors de l'Exposition Universelle de Paris qui eut lieu la même année que l'ouverture de l'établissement, et dont l'intérieur servait de lieu d'exposition de curiosités. Dans le foyer était accroché sur un fond de velours rouge le tableau de Lautrec «Au Cirque Fernando: L'Ecuyère». Le cœur de l'établissement était formé par une grande salle de danse bordée de galeries, où avaient lieu les représentations. Lautrec y avait sa table, qu'il occupait quasiment chaque soir. Il s'amusait du mélange d'art et de trivialité, de sensualité et d'élégance qui lui était offert.

La Goulue devait son nom d'artiste à l'habitude qu'on lui prête de vider les verres des clients. Ses collègues moins célèbres avaient parfois des surnoms encore plus crus et parlants: la Torpille, Grille d'égout, Nana-la-sauterelle, Georgette-la-vadrouille, Demi-siphon et Rayon d'or. Jane Avril, plus distinguée, et qui incarnait le type opposé à celui de la vulgaire Goulue, avait reçu le surnom de «la Mélinite», qui se rapportait plus à son art qu'à l'allure de sa personne. Au début, elle faisait partie du quadrille du Moulin Rouge, mais elle ne tarda pas à se constituer un programme bien à elle. Son talent artistique ne se limitait pas à la danse et à la chorégraphie, car elle dessinait elle-même ses costumes.

Jane Avril et Lautrec avaient de grandes affinités. A part les affiches, Lautrec fit une série de portraits représentant Jane Avril pendant et après

**Jane Avril sortant du Moulin Rouge,
1893**
Huile et gouache sur carton; 84,3 × 63,4 cm
Hartford (Conn.), Wadsworth Atheneum

son numéro, entre autres, ce tableau tout en hauteur qui représente la silhouette mince de l'artiste en train de danser. Lautrec a fixé ce court instant où la danseuse, en équilibre sur une jambe, retrousse sa robe blanche tout en faisant tourner l'autre jambe. L'atmosphère générale est esquissée d'un coup de pinceau rapide. Encore une fois, Lautrec a suggéré la profondeur par des diagonales et par un couple de spectateurs assis à l'arrière-plan qui constitue le point de fuite du tableau. On ne peut manquer de remarquer ici un effet fréquemment utilisé par Lautrec: le point de fuite, qui d'ordinaire est au centre, est déplacé sur le côté, voire situé hors du tableau. Ce procédé nouveau que la peinture européenne avait emprunté aux Japonais permettait de construire des perspectives abruptes et de choisir des angles inhabituels qui faisaient ressortir davantage le sujet. Dans certaines œuvres comme la grande version «Au Moulin Rouge» (repr. p. 50), Lautrec ira même jusqu'à unir dans une seule composition deux perspectives distinctes, diamétralement opposées, afin de suggérer l'ampleur de l'espace et les multiples facettes de la vie qui l'animait.

En 1892 également, furent créés deux des œuvres consacrées à la personne privée de Jane Avril. L'une la présente en manteau, chapeautée et gantée, alors qu'elle est dans sa garde-robe (Londres, Courtauld Institute). Lasse et plongée en elle-même, elle s'apprête à rentrer chez elle. L'autre composition la montre perdue dans ses rêves alors qu'elle quitte le Moulin Rouge, laissant derrière elle l'animation de la foule bigarrée. Son vêtement sombre, qui l'enveloppe en lui donnant l'allure sérieuse d'une grande dame – et que Lautrec rend de façon caractéristique en une pluie de coups de pinceau verticaux – contraste avec le tourbillon de confettis qui suggère le décor. Lautrec traduit ici de façon géniale le contraste qui oppose le monde extérieur et l'état d'âme de l'individu. On sent distinctement combien l'artiste s'est identifié à son modèle et quelle sympathie il éprouvait pour lui. Ces tableaux sont des déclarations d'amour adressées à une femme que peut-être Lautrec fut le seul à comprendre, lui qui savait si bien reconnaître ce qui est unique et essentiel. Dans cette mélancolie, ces deux êtres, si différents de par leur corps, étaient unis.

Lautrec réussissait toujours de façon extraordinaire ses portraits quand il connaissait bien la personne qu'il voulait représenter, quand il entretenait avec elle des relations amicales. Dans les premières années de sa carrière de peintre indépendant, il choisissait surtout des modèles qui posaient professionnellement ou des jeunes femmes qu'il avait vues dans la rue et qui lui avaient plu, les peignant dans les cadres les plus divers. Jusque dans les années 80, il avait fait des portraits magistraux de Carmen Gaudin (repr. p. 52), surnommée «la Rosse», de «Rosa-la-rouge», d'Hélène Vary et de Suzanne Valadon (repr. p. 24). Le tableau représentant Justine Dieuhl (repr. p. 61), et qui a pour cadre le Jardin du «Père» Forest à Montmartre, est à compter parmi cette série. Il fit également d'autres portraits dans ce même cadre, comme celui de Désiré Dihau. Le fait d'avoir choisi un paysage comme arrière-plan et d'avoir peint en plein air, comme en témoignent des photographies, est un phénomène inaccoutumé dans le Lautrec de la maturité.

Quelques années plus tard, comme il faisait une excursion avec ses amis aux châteaux de la Loire et qu'on lui vantait les beautés qu'y offrait la nature – probablement dans le but également de le pousser à peindre des paysages –, Lautrec refusa catégoriquement de se mettre à ce genre qui avait été particulièrement affectionné des impressionnistes. Lautrec, dans

«Il n'y a que le personnage qui compte, le paysage n'est et ne doit être autre chose qu'un piment: le pur paysagiste n'est qu'une brute. Le paysage ne doit servir qu'à faire mieux comprendre le caractère d'un personnage. Corot n'est grand que par ses personnages, ce qui vaut également pour Millet, Renoir, Manet et Whistler. Quand les portraitistes font des paysages, ils les traitent comme un visage; les paysages de Degas sont inouïs, parce que ce sont des paysages de rêve; ceux de Carrière ressemblent à des masques humains! Monet, qui a abandonné le personnage, qu'est-ce qu'il n'aurait pas pu faire!»

TOULOUSE-LAUTREC

56

Baraque de la Goulue à la Foire du Trône: La Danse au Moulin Rouge (La Goulue et Valentin-le-désossé), 1895
Huile sur toile; 298 × 316 cm
Paris, Musée d'Orsay

«Ah! J'aimerais voir la femme sur cette terre dont l'amant est plus laid que moi».
TOULOUSE-LAUTREC

son intérêt exclusif pour la représentation des êtres vivants, est un des artistes les plus conséquents et les plus radicaux de son époque, voire qui aient jamais existé. Ce goût privilégié pour la représentation du corps humain montre combien Lautrec était exigeant avec lui-même. Comme son maître et modèle Degas – qui considérait comme des exceptions dans sa production les quelques paysages au pastel qu'il nous a laissés, et qui sont de fait très insolites –, Lautrec n'acceptait de représenter, hormis les êtres humains, que des animaux, tout particulièrement les chevaux.

Le tableau figurant Justine Dieuhl représente donc un cas limite où le

paysage n'est d'ailleurs pas traité comme un décor, mais contribue en un sens presque déjà expressionniste à «faire mieux saisir le caractère d'un personnage». C'est un trait propre des portraits de Lautrec que de montrer ses personnages, et tout spécialement ses amis, dans un cadre qui s'accorde particulièrement avec eux. Ainsi son cousin Gabriel est représenté en pied en habit de soirée, en train de traverser songeusement le foyer de la Comédie-Française pendant la pause, laissant derrière lui le bavardage du public (repr. p. 63); l'acteur Henry Samary, en pleine action, campé sur la scène sur fond de coulisses peintes – on remarquera encore

Baraque de la Goulue à la Foire du Trône: La Danse mauresque ou «Les Almées», 1895
Huile sur toile; 285 × 307,5 cm
Paris, Musée d'Orsay

«On est laid, mais la vie est belle».
TOULOUSE-LAUTREC

Maxime Dethomas: Au Bal de l'Opéra, 1896
Huile sur carton; 67,5 × 52,5 cm
Washington, National Gallery of Art

ici que le tableau a deux points de fuite (repr. p. 25). Il figure son autre cousin, le célèbre coureur de jupons Louis Pascal, en dandy prêt à faire une virée, portant canne et haut de forme (Albi, Musée Toulouse-Lautrec).

Lautrec dit un jour à son ami peintre Maxime Dethomas: «Je vais te montrer imperturbable au milieu de toute cette mascarade en train de danser». Le tableau réalisé (repr. de la page de gauche) est un chef-d'œuvre: Lautrec nous représente son camarade en manteau sombre, chapeauté, la canne à la main, assis raide comme un piquet devant le spectacle bigarré des masques du bal costumé de l'Opéra. Le peintre a dû bien connaître l'homme dont il fait ainsi le psychogramme. Il a représenté un autre ami, l'écrivain et directeur commercial de deux vélodromes parisiens, Tristan Bernard, sur la piste de l'un des deux (New York, collection particulière), tandis que le jeune critique Paul Leclercq – qui devait plus tard écrire sur lui – est assis dans un siège en rotin de l'atelier (Paris, Musée d'Orsay). Il a peint de mémoire l'écrivain à scandale Oscar Wilde, qui n'avait pas voulu poser pour lui, démasquant sa nature profonde en le figurant comme un monstre bouffi à l'air pincé et arrogant – une vengeance subtile du refus de l'esthète (Beverly Hills, Collection particulière).

Lautrec, qui souffrait sans l'ombre d'un doute de son infirmité physique, développa, pour ainsi dire par instinct d'auto-conservation, un genre tout particulier d'auto-ironie. Son allure physique était certes peu commune – comme en témoignent de nombreuses photographies ainsi que des portraits faits par des amis artistes; mais elle était loin d'être aussi abominable que le monstre qu'il stigmatise dans ses innombrables auto-caricatures (repr. p. 54). Dans les conversations également et dans sa correspondance, il se caractérisait la plupart du temps de façon sarcastique et désabusée. Lautrec allait ainsi au devant d'hypothétiques remarques blessantes. En accordant à autrui à l'avance tous les points faibles imaginables, voire même en les exagérant, il brisait les ailes des moqueurs, gâchait la joie qu'ils pouvaient prendre à exprimer leur sadisme. Sa prédilection pour les masques et les déguisements avait probablement aussi sa raison dans le désir qu'il avait d'être autre qu'il n'était, tout au moins de le paraître. Des photographies datant surtout des années 80 montrent constamment Lautrec au milieu de ses amis assistant à des fêtes costumées, portant souvent les déguisements les plus insolites, qui le métamorphosaient en choriste, en femme ou en japonais louchant vêtu d'un kimono. Mais par ailleurs, il aimait et admirait tout ce qu'il ne pouvait atteindre par sa personne: beauté, force, agilité et prouesses physiques. Tout ce qui n'était pas dans ses capacités et en sa possession, il voulait pouvoir du moins le vivre dans l'acte créateur. L'activité artistique était donc pour lui dans une grande mesure un ersatz de la vie dont il était privé. C'était précisément parce qu'il était exclu de maintes expériences qu'il pouvait se percevoir de façon plus intense, qu'il pouvait voir le monde sous un angle particulier et avec un regard lucide.

Les amis de Lautrec sont unanimes à rapporter qu'il était doté d'esprit de repartie. Pour être reconnu dans la société malgré son infirmité, il avait développé une veine originale d'amuseur qui se répercutait dans sa manière de parler, d'utiliser certaines locutions ou de faire des calembours, dans son goût prononcé pour le trivial, voire même pour l'obscène. Lautrec n'avait presque pas de tabous dans ses relations avec ses camarades; il aimait à choquer les gens, de préférence les gens simples et les petits-bourgeois par la fausse franchise dont il jouait de façon si raffinée qu'elle paraissait être de la naïveté. Cet amateur de

Femme assise dans le Jardin de M. Forest: Justine Dieuhl, 1890
Huile sur carton; 74 × 58 cm
Paris, Musée d'Orsay

Un Interne: Gabriel Tapié de Céleyran (caricature), 1894
Plume; 33 × 22 cm
Albi, Musée Toulouse-Lautrec

«Si je n'étais pas peintre, j'aimerais être médecin ou chirurgien». TOULOUSE-LAUTREC

Le Docteur Tapié de Céleyran dans un couloir de la Comédie-Française, 1894
Huile sur toile; 109 × 56 cm
Albi, Musée Toulouse-Lautrec

société qu'était Lautrec était à la fois l'amuseur et l'amusé, capable de trouver le côté cocasse de n'importe quelle situation, d'en tirer le comique involontaire ou l'aspect paradoxal. Seul l'art était à ses yeux sacré – il incarnait sans aucun doute la base de son existence. Dans une symbiose indissoluble, Lautrec avait besoin de l'art pour vivre et épiait la vie pour la laisser passer dans son art.

Lautrec ne poursuivait pas le «théâtre de la vie» seulement dans les cabarets ou les cafés-concerts, mais aussi dans les estaminets et les bars qu'il fréquentait activement dans ses virées nocturnes. Le Weber et l'Irish and American Bar ne se trouvaient pas à Montmartre, mais rue Royale. C'est là que se rencontraient artistes, mais aussi sportifs, et en particulier les jockeys fêtés, pour lesquels Lautrec avait une prédilection. Il les a fixés dans de nombreux tableaux et gravures. La meilleure œuvre qu'il ait consacrée à ce sujet est sans aucun doute la lithographie monochrome «Le Jockey» datant de 1899, qui existe également dans des versions coloriées à la main par Lautrec de manières les plus diverses (repr. p. 83): la violence des couleurs accentue encore l'expressivité du thème choisi, déjà en soi très dynamique, des deux cavaliers fonçant sur leur cheval. Cette feuille surpasse même les représentations magistrales que Degas a faites de jockeys; c'est aussi un climax splendide de la production artistique de Lautrec.

Lautrec admirait naturellement ces cavaliers pour leurs capacités et leurs exploits physiques. Il en était de même pour les artistes de cirque et de foire, qu'il rencontrait aussi à l'Irish and American Bar. Il avait une prédilection particulière pour le couple de clowns Footit et Chocolat, qu'il a représenté en action dans d'innombrables lithographies, dessins et études. Le Noir, qui portait le nom évocateur de Chocolat, est particulièrement fascinant dans un dessin qui le montre en train de danser une danse élégante de félin prédateur à l'Irish and American Bar (repr. p. 64). A côté de la silhouette macabre et toute en os de Valentin, l'homme serpent, cette figure exotique, quasiment simiesque, est l'un des rares modèles masculins de Lautrec qui laisse dans la mémoire une impression aussi durable que les innombrables types féminins qu'il a représentés. La scène qui est fixée ici annonce aussi déjà la critique sociale qui allait faire plus tard le thème des productions artistiques en Allemagne: elle pourrait figurer dans l'«Opéra de quat' sous» de Brecht.

Lautrec s'est laissé également inspirer par d'autres types humains rencontrés dans les cafés parisiens: c'est ainsi par exemple qu'il devait immortaliser, dans une étude à l'huile peinte sur carton à coups de pinceau assurés, et qui rappelle la manière de Daumier ou d'Heinrich Zille, un consommateur corpulent aux moustaches rousses confortablement assis devant sa boisson près de la caissière «chlorotique» d'un bar (repr. p. 67). Déjà les premiers chefs-d'œuvre «A la Mie» et «Reine de Joie» montrent que Lautrec était inspiré par le thème du couple dépareillé, un motif particulièrement en faveur dans l'art hollandais d'autrefois. Cette fois, ce sont moins les effets violents de l'alcool ou la vénalité des servantes de Vénus qu'il met en scène que le côtoiement de la béatitude bienheureuse due à l'ivresse et de l'indifférence de la femme qui mène ses affaires.

Lautrec avait choisi tout particulièrement comme champ d'études privilégié ce que nous désignons aujourd'hui du nom d'«Underground». On tolérait par exemple sa présence dans divers établissements de lesbiennes où les hommes n'étaient normalement pas admis. Lautrec a immortalisé dans sa chromolithographie «La Grande Loge» datant de

1897, trônant à sa caisse, Madame Armande, la propriétaire borgne du «Hanneton», qui se trouvait rue Pigalle. Celle de «La Souris» se nommait Palmyre. Lautrec, qui aimait les bêtes, a «défini» son chien bull-dog Bouboule dans des dessins, des esquisses à l'huile et des lithographies.

Lautrec, qui s'intéressait aux déviations sexuelles, semble avoir tout particulièrement été captivé par le thème de l'amour lesbien. Ainsi le clown féminin Cha-U-Kao, qui faisait un numéro au Moulin Rouge et que Lautrec a représenté maintes fois, et presque toujours de façon magistrale (repr. du frontispice), le fascinait probablement pour sa double «inversion»: celle d'une femme qui non seulement jouait le rôle, traditionnellement imparti aux hommes, de clown, mais en outre aimait les femmes. Nous la voyons pour ainsi dire dans sa vie privée dans un tableau peint avec une grande sensibilité et qui donne l'impression d'avoir été conçu pour un usage privé, et où elle est montrée en train de danser la valse avec son amie (repr. p. 55). Il a ouvert programmatiquement sa série de lithographies «Elles» avec le portrait de ce clown féminin aux facettes multiples, comme s'il avait voulu dire: regardez, voilà une lesbienne clown et des prostituées, ce sont aussi des femmes.

Les modèles de Lautrec, vedettes et personnages anonymes, eurent chacun leur destinée. Devenues vieilles, les stars comme Bruant, Yvette Guilbert ou Jane Avril écrivirent leurs mémoires, et elles y ont toutes fait mention de Lautrec. Certaines d'entre elles disparurent de la scène au bout de quelques années. Dans le cas de la Goulue, heure de gloire et déclin se succédèrent tout particulièrement de façon étonnamment rapide. Déjà en 1895, la vedette, qui était devenue corpulente, faisait son apparition sur les scènes des foires. Elle demanda alors à Lautrec de bien vouloir lui peindre deux grands rideaux pour la baraque où elle faisait son numéro – ce qu'il fit, et de façon originale. Sur deux grandes toiles de fond carrées non apprêtées, il a peint la Goulue d'autrefois et l'affiche «Moulin Rouge: La Goulue», elle est représentée au Moulin Rouge en compagnie de Valentin; dans l'autre, dans son nouveau numéro, en train de danser une danse mauresque (repr. p. 58 et 59). Dans cette dernière, on peut reconnaître au premier plan, parmi les spectateurs figurés de dos, Oscar Wilde, Jane Avril, le critique Félix Fénéon et le peintre en personne – tout cela était bien flatteur pour la Goulue, qui se trouvait sur la pente du déclin, et relevait sa réputation. Ces deux toiles, conçues comme éléments décoratifs, souffrirent de par leur nature du remue-ménage des foires et des intempéries. Par-dessus le marché, un marchand d'art avide d'affaires découpa plus tard les rideaux en morceaux qu'il chercha à vendre séparément. Que les conservateurs du Musée du Louvre soient arrivés à reconstituer le puzzle tient du miracle.

Il n'y a presque aucun artiste qui ait comme Lautrec produit un reflet de ces êtres humains qui l'entouraient et avec lesquels il vivait, de ces lieux publics dont il vivait intensément les plaisirs. La vie était pour lui un unique et immense théâtre, un cabaret, un cirque et une foire où l'on pouvait rencontrer tous les côtés et toutes les contradictions qu'offrent l'être humain, épanchement sans frein des désirs et inhibition, génie et étroitesse d'esprit, bonté et méchanceté, exhibitionnisme et introversion, finesse et crédulité, jeunesse et vieillesse, bonheur et mélancolie. C'était la réalité que Lautrec recherchait pour se l'assimiler avidement, afin de lui élever par le moyen de son art un des monuments les plus émouvants qu'ait connu l'histoire. Marqué par ses tares héréditaires et sa santé défaillante, il poursuivait ardemment toutes les manifestations de la vie. On raconte qu'il s'est souvent exclamé dans son enthousiasme: «Ah, la vie, la vie!».

Dans les coulisses des Folies-Bergère, Mrs. Lona Barrison avec son manager, 1896
Encre de Chine et craie bleue; 65 × 50 cm
Albi, Musée Toulouse-Lautrec

Chocolat dansant dans un bar, the Irish and American Bar, 1896
Encre de Chine, craie et gouache sur papier; 65 × 50 cm
Albi, Musée Toulouse-Lautrec

Mais il ne se contentait pas d'avoir une soif inextinguible pour les scènes animées de la vie, il aimait aussi «s'abreuver» le plus qu'il pouvait aux grandes œuvres d'art. Il est vrai que peu de peintres du passé et contemporains résistaient à son sens critique extrêmement aigu. Lorsqu'il visitait un musée – comme il le fit à Bruxelles –, Lautrec pouvait rester des heures devant un seul tableau et ne pas même aller voir les autres pièces exposées. Il était passionnément amoureux de la vie et de l'art.

Sa situation matérielle étant assurée par la fortune de ses parents, Lautrec n'avait pas besoin d'attendre le succès pour vivre de la vente de ses tableaux. Si l'on excepte l'intérêt que lui portèrent quelques critiques ouverts, comme Arsène Alexandre, Gustave Geffroy et Roger Marx, son travail devait soulever en général indignation, incompréhension et moquerie. En 1896, Maurice Joyant, un ami d'école de Lautrec qui était marchand d'objets d'art, organisa dans sa galerie parisienne une exposition d'assez grande envergure. Lautrec y exposait entre autres pour la première fois – il est vrai, dans une pièces séparée à laquelle n'avaient accès que ses amis et connaissances – une série de tableaux qu'il avait peints depuis 1893 dans des maisons closes parisiennes et qui, pour le thème en soi scandaleux qu'ils traitaient, devaient être considérés comme «déshonorant le nom» de Toulouse-Lautrec, comme le signifia à son neveu un oncle indigné.

Le thème des prostituées et des maisons closes était déjà de tradition chez les impressionnistes et les cloisonnistes: on pensera à l'«Olympia» peinte par Manet en 1863 (Paris, Musée d'Orsay) et à sa «Nana» de 1877 (Hambourg, Kunsthalle), aux monotypes représentant des maisons closes que Degas avait faits vers 1879, aux tableaux que leur avaient consacrés Anquetin et Bernard à la fin des années 80, ainsi qu'à la sympathie dont faisait preuve Van Gogh pour les prostituées. Cet engouement est dû principalement à l'influence exercée par les romanciers naturalistes Zola, Guy de Maupassant et les frères Edmond et Jules de Goncourt, qui avaient exploité ce thème avant les peintres. Les représentations que les artistes japonais, comme Kitagawa Utamaro, ont faites de courtisanes ont dû également présider au choix de ce thème chez un Lautrec qui était prévenu en faveur de tout ce qui était japonais.

Lautrec était émerveillé par le côté naturel et sentimental, le manque de dissimulation, la trivialité naïve, la drôlerie des prostituées. Il sut gagner leur confiance, si bien qu'il put les observer à son aise dans les maisons closes. A une certaine époque, il alla jusqu'à élire domicile dans une maison close, ce qui indignait pas mal de ceux qui venaient le voir et à qui il avait donné rendez-vous dans cet endroit, comme par exemple le prude marchand d'objets d'art Paul Durand-Ruel. Bien que Lautrec affectionnât ce genre de plaisanteries, la vraie raison de ce «changement de cadre» était sans aucun doute de nature artistique: ce n'est qu'en fréquentant familièrement le quotidien des prostituées qu'il pouvait rendre en image, sans fard et dans toute sa vérité, la réalité de leur vie. Il fallait, comme pour les cabarets, qu'il ait vécu d'abord ce qu'il voulait peindre.

Dans ses tableaux, lithographies et dessins, Lautrec a représenté les prostituées de multiples manières, mais toujours authentiques, sans jamais les accuser ni se moquer d'elles. Il les a montrées dans leur manière d'être naturelle, la façon dont elles passaient leur temps avant et après avoir reçu les «clients»: à table, jouant aux cartes, s'adonnant à des jeux érotiques lesbiens. Il est remarquable qu'il ne les a jamais saisies – si l'on fait abstraction de quelques caricatures destinées à un usage très personnel – dans leur fonction proprement dite, faisant marché de

Au Café: Le consommateur et la caissière chlorotique, 1898
Huile sur carton; 81,5 × 60 cm
Zurich, Kunsthaus

Le Sofa, 1894
Huile sur carton; 63 × 81 cm
New York, Metropolitan Museum of Art

«J' entends toujours le mot de bordel! Et
alors! Il n'y a pas un endroit où je me sente
plus chez moi».   TOULOUSE-LAUTREC

l'amour, dans l'exercice donc de leur métier. C'est que la présence de Lautrec n'était certainement pas désirée à ces moments – là encore, il était «exclu», même si cette exclusion était bien compréhensible! –; mais aussi, il ne voulait probablement pas être soupçonné de faire des productions pornographiques. Il était déjà en soi osé et scandaleux à son époque de choisir comme sujet la maison close. Lautrec était manifestement conscient d'être en avance sur son temps en faisant ces tableaux, qu'il a soigneusement conservés pour les transmettre à la postérité. Les portraits de prostituées ou de nus peints par Lautrec ne sont pas tant érotiques que vrais. Sonder l'être même d'une femme, représenter ses états d'âme quotidiens et sa manière de vivre étaient à ses yeux plus importants que de rendre ses charmes et le désir qu'elle pouvait exciter.

Lautrec commença par peindre en 1893 un tableau, encore relativement anodin, ayant pour cadre l'intérieur d'une maison close: «Monsieur, Madame et le chien» (repr. de la page de droite). Y est représenté un couple de tenanciers de maison close, assis sur un sofa rouge qui se trouve devant une glace dans laquelle on les voit reflétés de dos, ainsi que la silhouette à peine dégrossie d'une fille. Ce n'est pas tant le réalisme du motif qui est ici étonnant que la nouveauté de la forme et ce qu'elle cherche à communiquer. Lautrec a traité dans des tons clairs où s'opposent rouges et verts les types humains issus du peuple qu'il peint ici et dont il fait de ses coups de pinceau comme le sismogramme, faisant preuve d'une liberté que seul un Munch devait par la suite chercher avec succès à perpétuer. Mais ce tableau, qui touche à la caricature, est également un de ceux où Lautrec doit le plus à Daumier: on se rappellera les salles d'attente et les compartiments de troisième classe peints par le célèbre précurseur, et où règnent même abandon au destin et mêmes manies petites-bourgeoises.

Habitués à la tradition académique, les contemporains considéraient des travaux comme celui-ci, où des parties du tableau étaient laissées vierges, comme inachevés, et donc artistiquement inacceptables et sans valeur. Lautrec a répondu à ce reproche, qu'on ne cessa de lui faire, par des arguments pertinents, qui témoignent de la nouveauté de sa vision artistique. Il dit un jour à son cousin Gabriel: «Les gens m'énervent. Ils veulent que j'achève les choses. Mais c'est ainsi que je les vois, et c'est ainsi que je les peins. Regarde: c'est si facile d'achever les choses. Je te

«Je plante ma tente en plein bordel».
TOULOUSE-LAUTREC

Monsieur, Madame et le chien (couple de tenanciers de maison close), 1893
Huile sur toile; 48 × 60 cm
Albi, Musée Toulouse-Lautrec

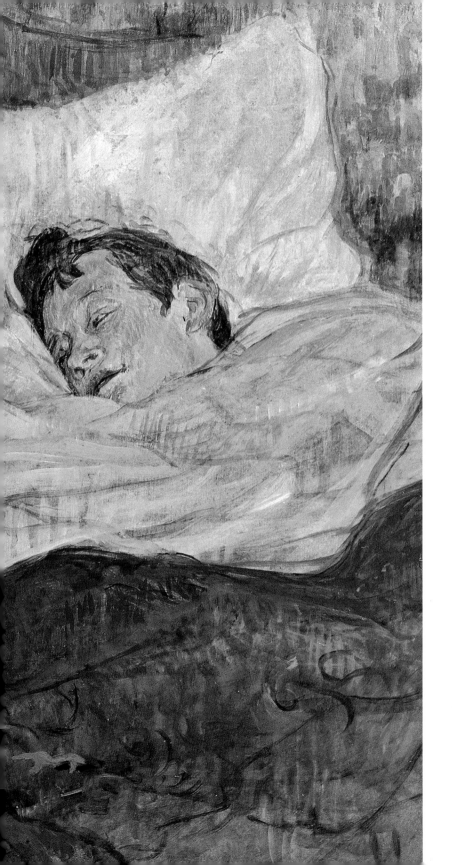

Dans le Lit, vers 1893
Huile sur carton; 54 × 70,5 cm
Paris, Musée d'Orsay

fais sans difficultés un Bastien-Lepage»; et après avoir peint en un tour de main un tableau «achevé» sur la première toile venue devant les yeux de son interlocuteur ahuri, Lautrec dit: «Tu vois comme c'est facile! Rien n'est plus facile que de peindre des tableaux qui soient terminés d'une façon apparente. On ne ment jamais d'une façon aussi adroite que dans ce cas.»

A l'école des vieux maîtres Rembrandt et Frans Hals, à l'instar desquels il était considéré comme un marginal par ses contemporains pour la nouveauté de sa technique picturale, ou de pionniers aussi peu conventionnels que Goya, Daumier et Van Gogh, Lautrec avait compris cette leçon, qui devait révolutionner l'art du XXème siècle, que la déformation de la réalité externe, la mise à contribution de moyens considérés jusque-là comme non artistiques – ainsi du fameux «inachèvement» – recélaient une force suggestive encore inexplorée qui permettait de rendre la réalité avec une plus grande vérité qu'un réalisme la reproduisant sans aucune distance, et que seules l'abstraction formelle et l'exagération de certains traits pouvaient dévoiler le moment essentiel d'une scène en le symbolisant. Le collègue post-impressionniste de Lautrec, Paul Cézanne, parle dans ces années de l'art comme d'une «harmonie parallèle à la nature». A l'époque de la photographie, la tâche de la peinture ne peut plus être de donner une vision objective des choses

Ces Dames au réfectoire, 1893
Huile sur carton; 60,3 × 80,5 cm
Budapest, Szépmüvészeti Múzeum

REPRODUCTION DE LA PAGE DE GAUCHE:
Femme de maison close, 1894
Huile sur carton; 49 × 34 cm
New York, Collection privée

«Et vous croyez que vous parlez d'amour?
Vous ne parlez que de cul... L'amour, c'est
quelque chose d'autre...»
TOULOUSE-LAUTREC

Au Salon de la rue des Moulins, 1894
Huile sur toile; 111,5 × 132,5 cm
Albi, Musée Toulouse-Lautrec

Le moderne Jugement de Pâris, 1894
Lithographie; 5,6 × 7,3 cm
Collection privée

«Quand une femme est toute rousse, mais vraiment rousse, parfaitement rousse – technique des Vénitiens!" TOULOUSE-LAUTREC

Femme qui tire son bas, 1894
Gouache sur carton; 61,5 × 44,5 cm
Albi, Musée Toulouse-Lautrec

et des personnes; mais l'œuvre d'art doit s'évertuer – une fonction que les œuvres d'art des grands maîtres d'autrefois ont toujours remplie parallèlement à celle de pure reproduction de la réalité – à rendre un autre monde – celui des pensées et des sensations.

Dans toute une série d'œuvres, Lautrec a épié la tendresse des rapports qu'entretenaient les prostituées entre elles. Dans le tableau peut-être le plus réussi de cette série, «Dans le Lit», (repr. pp. 70/71), on voit, enfouies dans les oreillers d'un lit à deux places, dépasser deux têtes qui disparaissent presque sous les draps et les couvertures, et qu'il est par là difficile d'identifier au premier coup d'œil comme celles de deux femmes. Mais il s'agit bien de deux filles de joie qui sont couchées dans le même lit et se câlinent, et dans leur regard, on peut lire le plaisir de se sentir en sécurité et le contentement. Les prostituées, qui étaient exploitées sexuellement par les hommes et traitées par eux comme une marchandise, trouvaient dans les rapports homosexuels une compensation, qui leur permettait de satisfaire au besoin de tendresse qu'elles éprouvaient elles aussi. La facture de ce tableau, qui ressemble presque à de la peinture abstraite par la façon dont Lautrec a traité les surfaces, n'y représentant rien de concret, est formellement proche de la manière décorative des «Nabis» de la même époque, sans que pourtant ne soit du coup négligée la teneur, comme il arrive souvent chez Bonnard et Vuillard. On retrouvera la même palette, économe, mais extrêmement raffinée, dans le cycle de chromolithographies «Elles», que Lautrec consacrera trois ans plus tard au même thème de la vie des maisons closes.

Dans d'autres tableaux de prostituées (repr. p. 68), Lautrec montre encore plus clairement les rapports sentimentaux qui unissent ses modèles: enlacements et baisers, bavardage intime de deux femmes bien souvent d'âge et de type différents sont représentés sans gêne dans toute leur innocence et leur côté bien humain. Certains portraits grandioses de «dames» (repr. p. 72) renouent avec une vieille tradition de tableaux de ce genre renommés dans l'histoire de l'art. Lautrec admirait les peintres du début de la Renaissance comme Piero della Francesca et Domenico Veneziano, qui ont laissé une série de célèbres portraits de femmes vues de profil. Chez Rembrandt aussi, on rencontre à diverses reprises cette sorte de portraits, assez rare, et qui du temps de Lautrec était également peu à l'honneur.

Les portraits de Carmen qu'avait faits Lautrec dans les années 80, et celui d'Hélène Vary (Brême, Kunsthalle), qui date de 1888, sont les premiers chefs-d'œuvre qu'il ait peints dans ce genre. Ayant eu commande en 1893 de peindre un des salons de la maison close de la rue d'Amboise, il eut l'idée de le décorer dans le style Louis XVIII de portraits en médaillons de prostituées. Il dénonçait par là la fatuité du style de cour qui avait sévi en France, tout en faisant accéder le thème de la putain à un cadre qu'il pouvait ainsi du même coup persifler. Dans les portraits isolés qu'il a faits de différentes prostituées, Lautrec nous montre des êtres humains dans leurs occupations journalières, et qui n'y sont pas si différentes des bons bourgeois. Les prostituées elles-mêmes se sentaient la plupart du temps flattées quand «Monsieur Henri» les considérait comme dignes d'être portraiturées. L'une d'entre elles, Mireille, portait même des fleurs à Lautrec quand elle allait dans son atelier, ce qui touchait profondément le peintre. Il parlait de ces filles en ces termes: «Elles ont bon cœur. La vraie éducation vient du cœur, et cela me suffit...» Lautrec était également, comme son maître vénéré Degas, fasciné par le côté animal, naturel, des prostituées: «Le modèle de profession est

76

toujours comme empaillé, celles-là, elles vivent ... Je n'aurais pas le
courage de leur donner 100 sous pour poser, et Dieu sait si elles les valent.
Elles s'étirent sur les canapés comme des animaux ... Elles sont tout à fait
sans prétentions».

Le maître vénitien de la Renaissance Vittore Carpaccio avait déjà
peint vers les années 1500 un tableau représentant une maison close;
Lautrec avait accroché une reproduction de ses «Courtisanes avec
animaux» (Venise, Museo Correr) dans son atelier. En peignant le plus
célèbre tableau qu'il ait consacré à ce thème, l'artiste a probablement
voulu renouer avec cette tradition. Après une série d'études préparatoires
qui produisent parfois un effet plus direct et plus spontané que la
composition définitive, il créa «Au Salon de la rue des Moulins» (repr.
pp. 74/75), un des tableaux les plus élaborés de sa production. Y sont
représentées, assises sur des sofas recouverts de velours rouge, plusieurs
prostituées attendant le client, en petite tenue – à l'exception de la femme
assise à droite, vêtue d'une robe rose montant haut, dans laquelle on a cru
reconnaître la patronne de l'établissement, et qui produit, par l'esprit dont
elle semble animée, un contraste voulu avec les autres femmes, ces «bêtes
s'étirant». Lautrec a saisi ici parfaitement la physionomie et le maintien
des différents personnages. Il n'a également cessé de peindre les filles de
joie en train de faire leur toilette quotidienne (repr. p. 77).

A la fin des années 90, Lautrec clôture sa série consacrée aux maisons
closes par quelques représentations de nus, qui sont un cas unique dans la
peinture française. Le tableau, très peu connu, bien que des plus sublimes,
«Femme nue devant sa glace» (repr. de la page de droite), dresse le bilan,
résumant symboliquement tous les tableaux de prostituées. Une fille de
joie nue est debout devant son miroir où se reflète son image, ne portant
que les inévitables bas sombres, et laissant traîner sur le sol la chemise
dont elle s'est également dépouillée. Les masques sont tombés, l'heure de
la vérité a sonné. Jean Cocteau dit une fois: «Chaque jour, quand je me
regarde dans le miroir, je vois la mort au travail». Tel est le sens que l'on
peut donner au tableau de Lautrec. Le corps de la jeune femme est encore
jeune et dans toute sa beauté, mais combien de temps cela va-t-il durer? Et
que va-t-il arriver alors? Qui voudra encore de cette femme? Elle ne
pourra plus exercer son métier de servante de Vénus – auquel fait allusion
le désordre du lit que l'on peut voir à l'arrière-plan.

Les représentations baroques de la Vanitas ont dû inspirer ce tableau
qui a certainement une signification symbolique. Mais l'art de Lautrec est
de ne jamais donner à ses œuvres un sens unique. Quelqu'un de moins
perspicace peut ne voir dans ce chef-d'œuvre qu'un nu scabreux peint de
main de maître, un genre qui est devenu avec Degas, Renoir et Henri
Matisse une spécialité bien française. Mais qu'on ne se trompe pas sur le
message porté par ces travaux de Lautrec qui peuvent paraître au premier
regard ceux d'une sensualité enjouée, ce message qui leur est sans aucun
doute indissolublement attaché. Ce sont les images issues d'un cœur
blessé, d'un corps en voie d'extinction dans lequel un esprit veille et
pressent déjà le déclin.

Femme nue devant sa glace, 1897
Huile sur carton; 63 × 48 cm
New York, Collection Haupt

Apogée et autodestruction
1899–1901

Une prostituée se regarde dans son miroir (repr. de la page de gauche): combien ce tableau en dit plus que toutes les représentations arbitraires de femmes à leur toilette faites par un Renoir ou un Degas! Lautrec a réussi à donner à ce thème, traité la plupart du temps par les autres peintres de façon superficielle, une signification profonde. L'artiste revient à ses premiers essais de jeunesse, à cet autoportrait dont il reprend la composition et la mélancolie qu'il exprimait. Avec cette nature morte qui est construite au premier plan sur la coiffeuse, avec cette manière de pratiquer l'introspection dans un moment banal de la vie de tous les jours, avec ce regard dans le miroir, un cercle se boucle. Comme dans la «Femme nue devant sa glace» peinte deux années auparavant, Lautrec n'a pas célébré ici la beauté et l'érotisme, mais a cherché à rendre leur inéluctable fugacité, et l'on peut y lire les questions que se posent les modèles féminins choisis: Que suis-je? Que vais-je devenir? A quoi tout cela sert-il?

Ce n'est probablement pas un hasard si ces œuvres ont été peintes à un moment où la santé de Lautrec commençait à décliner; peut-être aussi y a-t-il un souvenir des tableaux hollandais représentant la Vanitas, que Lautrec a pu voir lors de ses deux voyages en Hollande, et dont le thème symbolique remet en mémoire l'inanité de toutes les entreprises humaines. Cette manière de transgresser le moment du pur décoratif et un culte excessif de la forme, pour trouver un mode d'expression allégorique, fait de Lautrec un marginal de la peinture française. Les œuvres de la dernière période, qui s'ouvre avec ce tableau, et qui ont été conçues à peine en l'espace de deux ans, anticipent tout particulièrement les conquêtes de l'expressionnisme qui allait peu de temps après faire son apparition en Allemagne. – En sourdine, des harmoniques dans le mode mineur accompagnent l'apogée artistique.

Lautrec devait commencer à ressentir de plus en plus les effets de la vie épuisante qu'il avait menée pendant des années. Déjà physiquement déséquilibré et affaibli par son infirmité, il ne s'était pas particulièrement ménagé: il avait pris la nuit pour le jour, passant son temps – parfois jusqu'au matin – dans les lieux de plaisir, où il n'avait cessé d'augmenter sa consommation d'énormes quantités d'alcool. A partir d'un certain moment, même les avertissements de ses amis ou de sa mère, qui n'avait cessé d'être soucieuse de sa santé, ne servirent plus à rien. Les tentatives que l'on fit pour le détourner du danger qu'il courait n'eurent pas grand succès et, rendu méfiant, l'alcoolique devait les déceler tout de suite pour les repousser. Il pouvait désormais envoyer promener d'un ton cassant ses

Au Cirque: Cheval et singe dressés, 1899
Crayon et craie; 35,5 × 25 cm
Chicago, Art Institute of Chicago

«Il faut savoir se supporter».
TOULOUSE-LAUTREC

REPRODUCTION DE LA PAGE DE GAUCHE:
A la Toilette: Madame Poupoule, 1898
Huile sur bois; 60,8 × 49,6 cm
Albi, Musée Toulouse-Lautrec

Le Jockey se rendant au poteau, 1899
Lithographie en noir et blanc;
38,5 × 28,2 cm
Albi, Musée Toulouse-Lautrec

«Lautrec aimait aussi – les animaux. Les animaux qui mettaient de la vie dans les allées du Bois, ceux du cirque et des ménageries...Il aimait le sport, tous les sports et tout ce qui se rapporte au sport».
THADÉE NATANSON

Le Jockey ou Le Galop d'essai, 1899
Lithographie, huile et aquarelle;
51,5 × 36,3 cm
Collection particulière

meilleurs camarades, et son isolation en devint de plus en plus grande. Lautrec se mit à fréquenter des personnages douteux: filles légères, qui l'exploitaient financièrement en satisfaisant son besoin de distraction, et voyous, qui partageaient à ses frais ses beuveries. Cet artiste si prodigieusement doué et intelligent se laissa finalement complètement aller et causa de façon plus ou moins consciente sa propre fin.

Les dernières années de la vie de Lautrec ressemblent à une lente autodestruction. En plus de la constitution malsaine dont il avait hérité, il avait contracté la syphilis, qu'à son époque on ne savait pas guérir. Sur les conseils de son ami, le docteur Henri Bourges, Lautrec tenta de soulager ses maux en voyageant ou en faisant des cures d'air au bord de la mer. De nombreux artistes du XIXème siècle ont été victimes de la syphilis: de Franz Schubert à Manet et Gauguin, et certainement Van Gogh, en passant par Friedrich Nietzsche, elle s'est abattue sur eux, faisant une riche «moisson» macabre. Il est probable que Lautrec a cherché dans une consommation accrue d'alcool un moyen d'oublier ses souffrances physiques et psychiques. Affligé dans son corps, il voulait calmer ses maux avec des spiritueux et en même temps oublier son destin d'être humain exclu de la vie normale. Comme l'effet lénifiant de l'alcool ne pouvait être par nature que de courte durée, il devait augmenter constamment sa consommation d'alcool. C'était un cercle vicieux. La personnalité de Lautrec en perdit de son intégrité. Il souffrait d'hallucinations paranoïaques, devint tyrannique et insupportable, et ne cessait de trouver des ruses pour déjouer les obstacles que ses amis et ses connaissances, soucieux de sa santé, mettaient entre lui et l'alcool.

Au début de l'année 1899, Lautrec finit par s'effondrer au beau milieu de la rue. On le transporta dans un état de délire – et ce, apparemment sur décision de sa famille – dans une maison de santé qui se trouvait à Neuilly. Quand Lautrec, à qui l'on faisait subir une cure de désintoxication, finit par retrouver ses facultés et prit conscience du fait qu'il se trouvait dans un asile d'aliénés, il se mit hors de lui et craignit qu'on ne le plaçât sous tutelle pour l'enfermer à vie. L'homme de 35 ans se rappela alors la dédicace que son père avait autrefois écrite lorsqu'il lui avait offert, alors qu'il était encore un petit garçon chétif, ce livre sur la fauconnerie, et lui écrivit pour lui demander de l'aide: «Papa, vous avez l'occasion d'agir humainement. Je suis enfermé, mais tout ce qui est enfermé périt!» Mais son père eut peur d'assumer cette responsabilité. Lautrec ne cessait de prier les amis qui lui rendaient visite – Joyant surtout – de l'aider, de demander sa sortie. Mais on hésitait à entreprendre quelque chose de précipité, d'autant que les diagnostics des médecins, qui le déconseillaient, levaient les scrupules que l'on pouvait avoir. Ces derniers, de leur côté, avaient tout intérêt à retenir aussi longtemps que possible un malade si riche. Lautrec finit par trouver la solution: il devait lui-même prouver qu'il avait retrouvé un état normal. Il pria Joyant de lui procurer du matériel pour travailler: «Quand j'aurai fait un certain nombre de dessins, on ne pourra plus me retenir ici. Je veux m'en aller d'ici, on n'a pas le droit de m'enfermer».

Il fit de mémoire une série de dessins à la craie de couleur, ayant pour motif le cirque – des œuvres qui, quand on les compare à sa production artistique habituelle, sont un peu trop léchées. Mais sans doute, elles avaient avant tout pour dessein de convaincre les médecins de Neuilly qu'il avait retrouvé toute sa raison. Lautrec voulait démontrer qu'il maîtrisait parfaitement son métier. Mais quelle que soit la maîtrise dont ils font preuve, ces dessins, qui évoquent un thème traité déjà avec prédilection dans sa jeunesse, ont pour nous parfois un côté spectral.

L'Anglaise du Star du Havre, 1899
Sanguine; 62 × 47 cm
Albi, Musée Toulouse-Lautrec

«Allons voir danser les poupées. Elles sont épatantes, elles sont sensationnelles… Non, soyez sans crainte, ça ne me fait pas de mal de boire… Je suis si près de la terre, n'est-ce pas? Eh bien quoi? Je ne bois que du meilleur. Ça ne peut pas faire de mal».
TOULOUSE-LAUTREC

L'Anglaise du Star du Havre, 1899
Huile sur bois; 41 × 32,8 cm
Albi, Musée Toulouse-Lautrec

Malgré tous ses efforts désespérés pour rendre la réalité de façon exacte, la façon dont il souligne fortement les ombres portées, dont il s'évertue, souvent vainement, à donner des proportions «justes» à ses personnages, enfin l'impression oppressante produite par ces numéros de clowns ou d'animaux devant des gradins vides, révèlent un peu du chaos intérieur de Lautrec, du monde chancelant dans lequel il vivait, et dégagent un sentiment de mélancolie et d'isolement.

Entre-temps, la presse parisienne devait connaître une campagne d'articles immondes. On avait eu vent de l'internement de Lautrec et on cherchait donc, avec une certaine malveillance, à établir des liens évocateurs entre son art et son état mental, qui était à présent manifestement sujet à caution. Lautrec finit par sortir le 17 mai, et ce fut comme un magnifique cadeau. Il avait l'impression de «s'être évadé de prison», et ne cessait de répéter à ses amis: «J'ai acheté ma liberté avec mes dessins».

La sortie n'avait été ordonnée que sous la condition qu'on ne laissât pas le malade seul, par crainte de rechutes. Un parent éloigné de Bordeaux, Paul Viaud, se déclara prêt à «escorter constamment» Lautrec. Après un séjour à Albi, Lautrec fit des voyages, accompagné de Viaud. Du Havre, il envoya à Joyant qui, avec l'accord de l'artiste, administrait ses finances et que, pour cette raison, Lautrec apostrophait par ironie du nom de «tuteur», les lignes suivantes: «Dear Sir, nous accusons réception du matériel de peinture. J'ai fait un dessin à la sanguine qui représente une Anglaise du Star, et que je t'envoie demain en recommandé…» (repr. de la page de gauche) – «Dear Sir, hier, je t'ai envoyé en colis recommandé une toile où est peinte la tête de la barmaid du Star. Laisse-la sécher et fais-la encadrer. Merci de tes nouvelles financières. J'espère que mon tuteur est satisfait de son pupille».

Du point de vue artistique, Joyant pouvait être satisfait: le tableau cité ci-dessus, «L'Anglaise du Star du Havre» (repr. de la page de droite), est un chef-d'œuvre de l'art du portrait. A coups de pinceau rapides et précis, qui ne montrent pas trace de la catastrophe qui venait d'avoir lieu, Lautrec a fait le portrait en buste d'un jeune être plein de joie de vivre, la barmaid anglaise d'un bar du port. La palette y est particulièrement raffinée: des roses délicats font le passage entre le bleu du vêtement et le jaune orange de la chevelure. Les pointes de vert qui rehaussent la chemise claire sont reprises, en alternance avec du bleu, à l'arrière-plan, qui est structuré comme des formations géologiques. L'huile, étendue en couche mince et de manière diluée, est appliquée en lignes et surfaces: le tableau est composé, à la manière d'une mosaïque, de différents motifs en forme de taches et de traits. Il produit un effet de fraîcheur et de vie plus grand que le dessin à la sanguine correspondant qui traite le même sujet.

Le tableau peint par Lautrec fin 1899-début 1900, «Au Rat-Mort» (repr. p. 87), fut une réussite égale, peut-être même encore plus remarquable: une demi-mondaine attifée de façon voyante est assise à une table où le couvert est dressé, aux côtés d'un galant figuré seulement de manière schématique, et dont le profil est coupé par le bord droit du tableau, alors qu'au premier plan à gauche, on peut voir une nature morte aux fruits, peinte avec virtuosité. La cocotte, avec son allure de poupée, semble faire partie de cette coupe de fruits, son visage, être l'un d'entre eux, prêt à être consommé. On retrouve dans la grande poire du compotier le rouge lumineux de sa bouche fardée en forme de cœur, ainsi que le jaune qui apparaît dans son visage. Le tableau vit non seulement du contraste entre clair et obscur – et qui est ici encore plus marqué que dans

La Modiste: Mademoiselle Margoin, 1900
Huile sur carton; 61 × 49,5 cm
Albi, Musée Toulouse-Lautrec

les œuvres antérieures –, mais aussi, et ce pour la première fois, des tons francs, presque trop vifs, utilisés, et appliqués en larges surfaces. Le rouge criard de l'arrière-plan, qui rappelle celui de la bouche poupine de la femme, produit un effet particulièrement suggestif: la chaleur de ce coloris fait comme se détacher et projeter en avant les figures et les objets peints sur ce fond dans des tons plus froids.

Le portrait que Lautrec a fait d'une modiste (repr. de la page de gauche) qui était presque une amie d'enfance, fait partie de cette série de magnifiques portraits de la dernière période. On retrouve ici également le contraste violent des tons clairs et foncés: entre une série de chapeaux sombres exposés et le mur où se trouve la devanture du magasin, la jeune femme aux cheveux blond roux est figurée de profil, vêtue d'une blouse aux chatoiements vert tirant sur le jaune, les yeux regardant vers le bas et paraissant à demi fermés, entièrement absorbée par son travail. On ne peut s'empêcher de penser à la jeune femme debout à la fenêtre et plongée dans ses pensées peinte par Jan Vermeer, bien que ce tableau dégage, par sa riche palette et l'atmosphère bouleversante de tristesse suave qu'il répand, une impression de sereine méditation sur soi-même. C'est comme un adieu consolateur. Quelques mois plus tard, Lautrec, près d'accomplir le voyage qui allait le conduire au lit de mort, faisait ses derniers adieux à la modiste avec la même sereine placidité: «Nous pouvons nous embrasser, car vous ne me verrez plus jamais. Quand je serai mort, j'aurai le nez de Cyrano».

Cette même année, qui devait être l'avant-dernière, Lautrec fit le portrait de son ami Joyant, qu'il figura faisant la chasse aux canards en ciré et suroît jaunes, debout sur son yacht en train de braquer son fusil (repr. p. 88). Sur un fond où la peinture est appliquée seulement de façon sommaire, et qui laisse transparaître le chatoiement du bois madré qui constitue le support, la stature imposante de l'homme, figuré presque en pied et vu de côté, est rendue à coups de pinceau énergiques dans les tons jaune et brun rouge. Seuls le rose jaune du visage et le rouge violet des mains rompent cette harmonie de couleurs. Il est fort possible que les «leçons» qu'il avait prises épisodiquement dans les tableaux du «professeur» Hals lors de ses séjours en Hollande aient inspiré cette manière éruptive de peindre, de strapasser sans retoucher ensuite. La sauvagerie du trait contraste avec la manière des tableaux antérieurs, où le dessin était rehaussé par des hachures, et les surfaces discrètement coloriées. Il est aussi possible que Lautrec, sentant ses forces décliner et ses capacités physiques l'abandonner, se soit mis à peindre de façon rapide. Incapable de travailler longtemps et avec persévérance, Lautrec strapasse à présent ses tableaux, réalisant par là des chefs-d'œuvre prophétiques qui annoncent non seulement l'expressionnisme, mais aussi cette manière de peindre qui est de nouveau d'usage chez les «Nouveaux Fauves», les surpassant de loin en qualité et en précision. Certains historiens de l'art, qui connaissent le déclin de la santé de l'artiste, ont souvent diffamé ses dernières œuvres, les considérant comme plus faibles, voire déficientes. Le contraire est vrai. Comme dans un dernier sursaut créatif, le moribond se ressaisit pour retrouver ce qu'il sait vraiment faire et ce qui lui tient à cœur: il le livre comme un condensé de ce qu'il a vu et ressenti.

Dans l'hiver 1900/1901, Lautrec louait un atelier et un appartement à Bordeaux, la ville natale de la personne chargée de veiller sur lui. Il y assista à l'opérette de Jacques Offenbach, «La belle Hélène», et à l'opéra d'Isidore de Lara, «Messaline», et sa passion pour le théâtre le saisit pour

En Cabinet particulier ou Au Rat-Mort, vers 1899/1900
Huile sur toile; 55 × 45 cm
Londres, Courtauld Institute Galleries

la dernière fois. Il écrit à Joyant, qui est à Paris: «Mon cher Maurice, as-tu de – bonnes ou mauvaises – photos de la Messaline de Lara? Je suis très absorbé par cette pièce, mais mieux j'en serai informé, d'autant mieux ça ira». «Ça», c'était de toute évidence le dessein de peindre divers tableaux représentant ce spectacle. On possède six œuvres ayant pour thème «Messaline», toutes peintes sur toile. Bien que de qualité variable, elles sont toutes séduisantes par leur palette, et d'une facture peu conventionnelle. Il est possible que, pour faire ces tableaux, Lautrec ait non seulement travaillé d'après des croquis faits lors des représentations ou les impressions qu'il en avait retirées, mais se soit également inspiré directement de photographies que Joyant lui avait fait parvenir. Cela expliquerait peut-être certaines de ces compositions insolites. Quels que soient les scrupules qu'il a certainement ressentis à procéder de cette manière, lui qui était au contraire habitué à se laisser inspirer par l'impression du moment, le peintre, dont la mémoire était devenue chancelante, a dû voir l'avantage que cela lui offrait de pouvoir se concentrer avant tout sur la technique et le traitement de la couleur.

Le tableau «Messaline», qui se trouve à Zurich (repr. p. 91), et où l'héroïne est représentée avec deux figurantes, est tout particulièrement remarquable, une œuvre picturale d'une facture virtuose, qui vit uniquement de l'harmonie des couleurs fondamentales rouge, bleu et jaune. On retrouve ici aussi à l'arrière-plan cette large surface peinte uniformément en rouge, et qui donne l'impression de projeter à l'avant les silhouettes traitées dans des tons plus froids. Lautrec y a également acquis la maîtrise dans l'art d'étaler ses couleurs et de peindre en flou, et l'élément linéaire qui était dominant dans la plupart des œuvres antérieures devient totalement secondaire. De grand dessinateur, Lautrec, qui, de façon significative, ne fait plus désormais de lithographies, est devenu dans ses dernières toiles un extraordinaire peintre expressif!

Après être allé à Paris – où il devait se rendre pour la dernière fois – pour ranger son atelier et mettre de l'ordre dans ses œuvres, en signant quelques-unes et en détruisant d'autres, Lautrec partit, comme presque chaque année, à la mer. Mi-août, alors qu'il se trouvait à Taussat, il eut une attaque d'apoplexie qui fut suivie de paralysie. Le 20 août, la comtesse Adèle emmena le moribond à son château de Malromé. Pendant une courte période, la santé de Lautrec s'améliora, et il en profita pour faire un tableau – le dernier qu'il ait peint – qui était destiné à décorer un mur d'une des salles du château, et qui, par ses dimensions, est probablement le plus grand de sa production (il se trouve actuellement au Museu del Arte de São Paulo). Y sont représentés son garde Viaud en costume d'amiral et en perruque du XVIIIème siècle devant la mer, et, à l'horizon, une frégate ployée par la tempête. L'arrière-plan du tableau est inachevé, on voit encore les traces de peinture qui a coulé, comme les peintres contemporains néo-expressionnistes ont par laisser-aller l'habitude, d'ailleurs fort laide, de le faire.

La famille comprit que la situation était grave, et Lautrec, lui aussi, finit par jeter ce masque sarcastique d'ironie enjouée derrière lequel il avait cherché refuge toute sa vie. Henri de Toulouse-Lautrec mourut en pleine possession de ses facultés mentales le 9 septembre 1901 à 2 h 15 du matin au château de Malromé, en présence de ses parents, de son ami Viaud et de son cousin Gabriel, que le peintre avait fait appeler d'urgence de Paris à son lit de mort: il n'avait même pas 36 ans.

Bien qu'à sa mort, Lautrec ne fût pas sans avoir acquis une certaine célébrité – et ce, surtout par ses affiches –, son œuvre était non seulement

Tête de vieil homme, pensionnaire de la Maison de Santé de l'avenue de Madrid à Neuilly, 1899
Craie de couleur; 35 × 30,4 cm
Albi, Musée Toulouse-Lautrec

«Maman, je ne veux que vous! C'est sacrément dur de mourir!»
TOULOUSE-LAUTREC sur son lit de mort

Maurice Joyant en baie de Somme, 1900
Huile sur bois; 116,5 × 81 cm
Albi, Musée Toulouse-Lautrec

Mademoiselle Cocyte (dans le rôle de la Belle Hélène), 1900
Croquis pour l'aquarelle; 40 × 29 cm
Albi, Musée Toulouse-Lautrec

«Ici, ‹La Belle Hélène› nous ensorcelle; elle joue son rôle à merveille; j'ai déjà fixé la chose. Hélène est jouée par une grosse putain du nom de Cocyte».
TOULOUSE-LAUTREC

«A Paris, j'ai compris quel grand peintre c'était que Lautrec»   PABLO PICASSO

Messaline (entre deux figurantes), vers 1900/1901
Huile sur toile, 92,5 × 68 cm
Zurich, Collection E. G. Bührle

critiqué, mais devait encore des années durant être mis à l'index par les milieux de l'art officiel, et était loin d'être apprécié. Dès 1902, la mère de Lautrec faisait donation à la Bibliothèque Nationale d'une collection complète de gravures, ainsi que d'épreuves très instructives. Après bien des hésitations, le Musée du Louvre finit également par accepter le don d'une œuvre de Lautrec. La famille du peintre offrit en 1904 quatre tableaux au musée de Toulouse. A la mort de Camondo, en 1914, Le Louvre devait entrer en possession d'autres tableaux du défunt, que lui avait légués le collectionneur. A l'étranger, tout particulièrement en Allemagne et dans les Pays scandinaves, collectionneurs et musées commencèrent aussi à faire acquisition d'œuvres de Lautrec. A l'instigation de Joyant, qui, quelques années plus tard, devait publier la première biographie de Lautrec que nous ayons, et qui est un ouvrage fondamental, fut ouvert en 1922, avec l'accord de la famille, le Musée Toulouse-Lautrec d'Albi, qui possède jusqu' à présent la collection la plus importante de travaux de l'artiste.

Lautrec soutient la comparaison avec ses grands contemporains Cézanne et Van Gogh, qui l'éclipsèrent toujours un peu. Au contraire des autres post-impressionnistes, comme Gauguin et Seurat, qui sont moins appréciés aujourd'hui qu'ils ne l'ont été il y a quelques années, la notoriété de Lautrec ne cesse encore de croître, une renommée qu'il doit à cette prétendue frivolité qui choqua ceux de ses contemporains qui étaient vieux jeu, et qui ne cesse d'être considérée à maintes reprises comme un élément essentiel de son œuvre, mais à l'incomparable capacité qu'il avait de ressentir les choses et les gens. Il faut attendre les publications et les expositions actuelles pour voir pleinement reconnaître en Lautrec un peintre de l'être humain d'une immense envergure, surtout quand l'on pense que dans les 600 tableaux environ qu'il a laissés, se trouvent des trésors encore inexplorés. On s'est intéressé jusqu'ici moins à l'œuvre pictural qu'aux lithographies et aux gravures, et ce bien à tort.

Bien qu'il n'aimât pas à émettre des théories sur l'art, Lautrec utilisa un jour, pour expliquer ses conceptions à son cousin Gabriel, une parabole, qui est révélatrice de la façon dont il envisageait son activié créatrice: «Le premier homme qui a inventé le miroir l'a disposé en hauteur. La raison en est simple; il a voulu se voir dans ce miroir dans toute sa hauteur. Un tel miroir est bel et bon, car il est utile, et qu'il ne veut rien d'autre qu'être utile. L'inventer a été une nécessité, mais tout ce qui arrive par une nécessité interne est bon et légitime. Après cet homme, d'autres sont venus, qui se sont dit: on a disposé jusque-là le miroir verticalement; mais ils ne se sont pas demandé pourquoi on l'avait disposé jusque-là verticalement. Ils ont trouvé qu'on pouvait également coucher le miroir horizontalement; naturellement, on peut le faire, mais la question est de savoir si cela a sens et signification. Ils ne l'ont fait que parce que c'était nouveau, et cela leur a plu pour sa nouveauté; mais une chose n'est jamais belle du seul fait qu'elle est nouvelle. A notre époque, il y a beaucoup d'artistes qui font quelque chose parce que c'est nouveau; ils voient dans ce fait d'être nouveau leur valeur et leur justification; ils se trompent: le fait d'être nouveau est rarement l'essentiel. Il n'y a qu'une seule chose qui compte: faire mieux une chose en partant de ce qu'elle est».

Henri de Toulouse-Lautrec 1864–1901: vie et œuvre

1864 Naissance de Henri-Marie-Raymond de Toulouse-Lautrec le 24 novembre à Albi en l'«Hôtel du Bosc». C'est le fils aîné du comte Alphonse de Toulouse-Lautrec-Monfa et de sa femme, la comtesse Adèle-Zoë-Marie-Marquette Tapié de Céleyran. Ses parents sont cousin et cousine au premier degré.

1868 Mort à l'âge d'un an d'un second fils, Richard-Constantine, né le 28 août 1867. Henri passe sa petite enfance dans les domaines que sa famille possède dans le Midi, et près d'Albi, ainsi qu'à Céleyran. Ses parents vivent désormais séparés.

1872 La comtesse Adèle s'installe à Paris avec Henri; elle réside Hôtel Parey, 5 cité du Rétiro. Henri fait sa scolarité au célèbre lycée Fontanes (devenue Condorcet); il a pour camarade d'école son cousin Louis Pascal, ainsi que Maurice Joyant, qui sera plus tard son ami le plus intime et son biographe, et prendra profession de marchand d'objets d'art. Il fait des dessins et des caricatures dans ses

cahiers d'école. Premiers contacts avec des peintres amis de son père, en particulier avec le peintre animalier sourd-muet René Princeteau, qui donne à Henri ses premiers rudiments de peinture.

1875 Retour au pays natal. De santé délicate, il prend des cours particuliers.

1878 Lors d'une chute à Albi, Henri se brise le fémur gauche. Longue convalescence aux eaux d'Amélie-les-Bains et de Nice. A Barèges, il se lie d'amitié avec Etienne Devismes, pour lequel il illustrera trois ans plus tard un conte.

1879 A Barèges, il se brise le fémur droit. Désormais, les deux jambes ne grandiront plus.

1880 Devant se ménager, il passe le plus clair de son temps à dessiner et à peindre. Il fait une cure à Nice.

1881 En juillet, il échoue au baccalauréat. En novembre, il est reçu à Toulouse. Puis il retourne à Paris. Sa décision de devenir peintre est appuyée par les amis peintres de son père.

1882 Entrée dans l'atelier parisien de Léon Bonnat; après la fermeture de celui-ci en septembre, il devient l'élève de Fernand Cormon. Il a pour camarades d'études Henri Rachou, René Grenier, Eugène Boch, Charles Laval, François Gauzi et Louis Anquetin. Il peint «Le Jeune Routy à Céleyran» (repr. p. 13).

1883 La comtesse Adèle acquiert le château de Malromé près de Bordeaux. C'est là que chaque année, Lautrec passera désormais ses vacances de mer, la plupart du temps à la fin de l'été, pour y faire de la voile et prendre des bains. Etudes académiques.

La mère du peintre: la comtesse Adèle-Zoë-Marie-Marquette Tapié de Céleyran

Le jeune Henri, surnommé «petit bijou», vers l'âge de trois ans

Le père du peintre: le comte Alphonse-Charles-Marie de Toulouse-Lautrec-Monfa en habit écossais

Lautrec (au premier plan à gauche) dans l'atelier de Fernand Cormon (au chevalet). Vers 1885

Lautrec pose assis en tailleur dans un fauteuil arabe

En train de boire du vin avec des amis dans le jardin du Moulin de la Galette

1884 Il s'installe à Montmartre, d'abord comme sous-locataire de Lili et René Grenier au 19 rue Fontaine; dans la maison donnant sur rue se trouve l'atelier d'Edgar Degas. Il s'affranchit de plus en plus de l'académisme. Le jeune Emile Bernard entre dans l'atelier de Cormon. A Pau, il participe pour la première fois à une exposition collective. Il peint «La grosse Maria» (repr. p. 14), des portraits de «Carmen» (repr. p. 52).

1885 Il fréquente les lieux d'amusement du quartier («Elysée Montmartre», «Moulin de la Galette»), avec une prédilection pour le cabaret d'Aristide Bruant, «Le Mirliton», où il expose également des tableaux. Séjour chez Anquetin à Etrepagny et chez les Grenier à Villiers-sur-Morin. Il s'établit

chez Henri Rachou, 22 rue Ganneron. Portrait d'Emile Bernard (Londres, Tate Gallery).

1886 Chez Cormon, rencontre de Vincent Van Gogh, avec lequel il se lie d'amitié. Il passe l'été à Villiers-sur-Morin, Malromé, Arcachon et Respide. En automne, Lautrec quitte Cormon et loue un atelier 27 rue Tourlaque, au coin de la rue Caulaincourt. C'est là qu'il fait la rencontre de Suzanne Valadon, qui devient son modèle et sa maîtresse. Il publie pour la première fois des dessins dans les journaux.

1887 Il habite 19 rue Fontaine, avec le

docteur Henri Bourges. Participe à une exposition collective à Toulouse (sous le pseudonyme-anagramme «Treclau»). Avec Van Gogh, Anquetin et Bernard, fondateur du «cloisonnisme»: étude des gravures sur bois polychromes japonaises. Expositions des camarades dans des cafés et des restaurants. Portrait de Vincent Van Gogh (repr. p. 18).

1888 En février, il expose aux XX à Bruxelles. Théo Van Gogh lui achète «Poudre de riz» et prend en commission pour Goupil d'autres œuvres. Il passe l'automne à Villiers-sur-Marin. Séparation d'avec Suzanne Valadon. «Au Cirque Fernando: L'Ecuyère» (repr. p. 20).

1889 Désormais, il expose presque chaque année au «Salon des

Ayant la tête sensible, Lautrec portait chez lui aussi un chapeau. Vers 1894

Un petit somme après le repas

«Monsieur Toulouse peint Monsieur Lautrec-Monfa». Photomontage, vers 1890

Toulouse-Lautrec en 1892

Le Moulin Rouge, place Blanche. Vers 1890

Lautrec, le crâne rasé, pose en Valentin-le-désossé devant son croquis destiné à l'affiche «La Goulue au Moulin Rouge». 1891

Indépendants» et au «Cercle artistique et littéraire Volnay». Il fait dans le jardin du «Père» Forest à Montmartre une série de portraits. Ouverture du «Moulin Rouge», dont Lautrec deviendra un habitué. «Au Bal du Moulin de la Galette» (repr. p. 26).

1890 Il fait un voyage avec Paul Signac et Maurice Guibert à Bruxelles pour assister à l'inauguration de l'exposition des XX. Son ancien ami d'école Joyant prend la succession de Théo Van Gogh comme

gérant chez Goupil. Il passe ses vacances d'été aux bains de mer de Taussat, de là, fait une pointe en Espagne. «Mademoiselle Dihau au piano» (repr. p. 23), «La Danse au Moulin Rouge» (repr. p. 27).

1891 Il déménage avec Bourges au 21 rue Fontaine, dans la maison voisine. Le cousin préféré de Lautrec, Gabriel Tapié de Céleyran vient à Paris faire ses études de médecine. Il expose avec les «impressionnistes» et les «symbolistes» chez Le Barc de Boutteville. «A la Mie» (repr. p. 21); premières gravures: l'affiche «Au Moulin Rouge: La Goulue» (repr. p. 28).

1892 Voyages à Bruxelles et à Londres; il passe la fin de l'été à Taussat. Affiches pour Bruant (repr. p. 33) et Jane Avril. Série de lithographies: «Au Moulin Rouge».

1893 Première exposition particulière assez conséquente chez Goupil; il participe à nouveau à l'exposition des XX à Bruxelles. Séjour chez Bruant à Saint-Jean-les-Deux-Jumeaux. Il prend un appartement dans la

Lautrec dans son atelier en compagnie d'un modèle, devant son tableau «Au Salon de la rue des Moulins» et d'autres toiles. Vers 1894

En compagnie de Charles Zidler, le directeur du Moulin Rouge, devant l'affiche de Jules Chéret «Le Moulin Rouge». Vers 1891

Au Crotoy, Maurice Joyant porte sur son dos son ami Henri pour le monter à bord d'un bateau

Pause sur le pont du «Cocorico» après un tour de nage

En compagnie des époux Thadée et Misia Natanson dans la station balnéaire d'Etretat. Vers 1896

maison où se trouve son atelier; la comtesse Adèle s'installe à proximité dans la rue de Douai. Affiche pour le «Jardin de Paris» (repr. p. 39). Il montre un intérêt passionné pour le théâtre, mais vit et peint dans les maisons closes. Participe à une exposition chez les «Peintres-Graveurs».

1894 Prend un nouvel appartement 27 rue Caulaincourt. Voyages à Bruxelles, Haarlem et Amsterdam (en compagnie d'Anquetin). Participe au «Salon de la Libre Esthétique» à Bruxelles, ainsi qu'à une exposition à Toulouse. En été, il fait un voyage en Espagne, puis va à Malromé. Deux séjours à Londres. Premier album de lithographies consacré à Yvette Guilbert. Avec les «Nabis» (entre autres, Pierre Bonnard, Edouard Vuillard, Félix Valloton), Lautrec fait partie du cercle d'amis qui sont mêlés au mouvement de la revue culturelle «La Revue Blanche». Il séjourne un temps dans une maison close: «Au Salon de la rue des Moulins» (repr. p. 74/75).

1895 Reaménage au 30 rue Fontaine. Voyage à Bruxelles pour une exposition de la «Libre Esthétique». A Londres, il rencontre d'Oscar Wilde et de James Whistler. Là aussi, il participe à une exposition d'affiches. Randonnées dans le Nord de la France; de là, il s'embarque pour Lisbonne en passant par Bordeaux («La Passagère du 54», repr. p. 42), revient par l'Espagne pour séjourner şur la côte bordelaise. Décors de la baraque foraine de la Goulue (repr. p. 58 et 59), affiches pour May Belfort et May Milton.

1896 Exposition chez Joyant. Le Havre, Bordeaux, Arcachon. Voyage à

Bruxelles; là, il rencontre Henry Van de Velde. Villeneuve-sur-Yonne, voyage en Espagne, Arcachon. Excursion aux châteaux de la Loire. Album de chromolithographies «Elles» (repr. p. 44).

1897 Participe à l'exposition de la «Libre Esthétique». Nouvel atelier 5 rue Frochot. Au début de l'été, il part en Hollande avec Maxime Dethomas, puis séjourne à Villeneuve-sur-Yonne. Il devient de plus en plus alcoolique. «Femme nue devant sa glace» (repr. p. 79).

1898 Exposition chez Goupil à Londres. Son état de santé devenant de plus en plus critique, sa production diminue, sans perdre toutefois pour autant de sa qualité. Été à Arromanches et Villeneuve-sur-Yonne. Le deuxième album consacré à

Yvette Guilbert paraît à Londres. Neuf gravures à l'eau-forte.

1899 Illustrations pour les «Histoires Naturelles» de Jules Renard. A la suite d'une crise violente, il est interné pendant trois mois dans une maison de santé de Neuilly. Campagne diffamatoire dans les journaux. Il dessine de mémoire une série consacrée au cirque (repr. p. 81). Après sa sortie, il va se reposer sur la côte bordelaise et au Havre. Bien que surveillé constamment par Paul Viaud, il recommence à consommer de plus en plus d'alcool. Tendance picturale des œuvres de la dernière période: «L'Anglaise du Star du Havre» (repr. p. 85), «Au Rat-Mort» (repr. p. 87).

1900 Difficultés financières avec sa famille. Expositions à Paris et Bordeaux. Long et épuisant séjour à la mer pendant l'été. Lautrec passe l'hiver à Bordeaux. «La Modiste: Mademoiselle Margoin» (repr. p. 86), «Maurice Joyant en baie de Somme» (repr. p. 88).

1901 Il assiste à des spectacles au théâtre de Bordeaux (six tableaux consacrés à «Messaline», (repr. p. 91). Paralysie des jambes. A partir de la mi-avril, il séjourne pendant trois mois à Paris, où il met en ordre ses œuvres. Puis il retourne à la mer. Après une attaque d'apoplexie, hémiplégie, le 20 août, on l'emmène à Malromé, où il meurt le 9 septembre. Obsèques à Saint-André-du-Bois, son corps sera finalement inhumé à Verdelais. Derniers tableaux: «Un examen à la Faculté de Médecine», «L'Amiral Viaud».